the
four

互联网
四大

［美］斯科特·加洛韦（Scott Galloway）———— 著　　郝美丽————译

湖南文艺出版社
HUNAN LITERATURE AND ART PUBLISHING HOUSE　　博集天卷
CS-BOOKY

图书在版编目（CIP）数据

互联网四大 /（美）斯科特·加洛韦
（Scott Galloway）著；郝美丽译 . -- 长沙：湖南文艺
出版社，2019.6
　　书名原文：the four
　　ISBN 978-7-5404-9240-3

Ⅰ . ①互… Ⅱ . ①斯… ②郝… Ⅲ . ①网络公司—企
业管理—研究 Ⅳ . ① F276.44

中国版本图书馆 CIP 数据核字（2019）第 095803 号

著作权合同登记号：图字 18-2018-330

The Four: The Hidden DNA of Amazon, Apple, Facebook, and Google
by Scott Galloway
Copyright ©2017 by Scott Galloway
Simplified Chinese translation copyright ©2019
by China South Booky Culture Media Co.,LTD.
Published by arrangement with author c/o Levine Greenberg Rostan Literary Agency
through Bardon—Chinese Media Agency
All rights reserved.

上架建议：经济管理

HULIANWANG SI DA

互联网四大

著　　　者：[美] 斯科特·加洛韦（Scott Galloway）
译　　　者：郝美丽
出 版 人：曾赛丰
责任编辑：薛　健　刘诗哲
监　　制：蔡明菲　邢越超
特约策划：李齐章
特约编辑：尚佳杰
版权支持：辛　艳
营销支持：李　帅　傅婷婷　文刀刀　周　茜
版式设计：梁秋晨
封面设计：利　锐
内文排版：百朗文化
出版发行：湖南文艺出版社
　　　　　（长沙市雨花区东二环一段 508 号　邮编：410014）
网　　址：www.hnwy.net
印　　刷：北京嘉业印刷厂
经　　销：新华书店
开　　本：875mm×1270mm　1/16
字　　数：205 千字
印　　张：16.5
版　　次：2019 年 6 月第 1 版
印　　次：2019 年 6 月第 1 次印刷
书　　号：ISBN 978-7-5404-9240-3
定　　价：58.00 元

若有质量问题，请致电质量监督电话：010-59096394
团购电话：010-59320018

谨以此书献给诺兰和亚历克

抬头仰望星空，总令我深陷迷惘
垂首凝望孩子，终使我豁然开朗

Contents

目 录

THE
FOUR

Chapter
1

第一章

四巨头

在过去的 20 年间,四大科技巨头让我们生活得更加欢乐,联系得更加紧密;社会更加繁荣,重大发现纷至沓来。历史上任何一个商业实体都比之不及。在这个过程中,亚马逊、苹果、脸书和谷歌创造了数十万计的高薪工作机会。四大科技巨头的一系列产品和服务走进了数十亿人的日常生活。它们在全球各地攻城略地,给发展中国家带去互联网,甚至就连你口袋中的手机也是它们的产品。

四大科技巨头为社会创造了前所未有的财富(高达 2.3 万亿美元),通过采取股份所有制经济形式,为全球数百万的家庭提供了经济保障。总之,它们创造了一个更美好的世界!

上述内容毋庸置疑,数不胜数的媒体机构都曾争相报道过。一系列有关创新的组织活动如学术机构、国会听证会、董事会、大型会议等都引用并学习它们的成功案例。但是,依然存在不同的声音。

四巨头

想象一下:一家零售商,在美国大多数州都不需要缴纳营业税,曾被曝剥削压榨员工,甚至导致数十万人失业,却仍被称为商业创新典范。

一家电脑公司，其产品也备受恐怖分子喜爱。而当联邦有关部门调查一起恐怖案件时，该公司竟然拒绝提供任何支持。

一家社交媒体公司，收集你的社交数据信息，并任由其他数据分析公司利用信息安全漏洞将数据用于政治宣传目的。

一个广告平台，如果公司在其媒体上做推广，将会被该平台索取高额的利润分成。当面临反不正当竞争法管制时，却采取游行抵制或者提出激进的诉讼要求以逃脱制裁。

上述言论同样遍布世界各地，但是呼声不高。我们知道这些企业并不是慈善机构，但还是让它们融入了我们生活的方方面面。也知道它们会利用我们的信息谋利，但还是乐意在其平台上更新、分享我们的信息。我们的媒体把这些公司的高管宣扬为英雄——可以信任和追随的天才人物。政府给予这些公司优待，实行不作为的反垄断法、优惠的税收政策，甚至劳动法都对这些公司有利。投资者哄抬股价，提供近乎无尽的资金和火力：一来可以吸引世界上最优秀的人才加入这些公司；二来尽可能地消灭其竞争对手。

那么，这些公司是神明、爱情、性欲和消费的四大光明守卫，还是使人堕入无尽深渊的四大黑暗骑士呢？答案是两者都是，我称它们为四巨头。

这些公司为何会蓄积如此大的能量？一个没有生命、为盈利而生的公司的影响力为何能直抵我们的灵魂深处，使我们不得不重新审视它？一家规模和影响力前所未有的公司对未来的商业和全球经济来说意味着什么？它们注定要像取代前辈巨头们一样，被更具创新力和吸引力的新一代公司取代吗？还是说它们已经足够强大，没有任何个人、公司、政府以及其他组织可以向其发出挑战了？

形势

以下是四大公司目前的情况：

亚马逊：你在购买一辆性能良好的保时捷或者一双心仪已久的克里斯提·鲁布托牌的蕾丝高跟鞋时，肯定内心非常愉悦，但是买牙膏和纯棉尿布的话就不一样了。为绝大部分美国人甚至世界各地人民提供商品的亚马逊能把你从枯燥的挑选工作中解放出来——它们只保留你需要的物品。你不需要花费什么精力：不需要挑选，不需要对比，点击鼠标就可以了。它们规划的方案是这样的：在离公寓最后一公里的地方投入巨额资本建设基础设施。当然，该资本通常是由不理性的阔绰老板投资的，他们基于一个很简单的事实被投资的前景吸引：亚马逊是全球最大的商店。亚马逊还会告诉投资人对竞争对手的秘密实施计划（为了解决世界另一部分人，它们不在意牺牲，奋勇当先）。结果呢，一家零售商的市值已经超过沃尔玛、塔吉特、梅西百货、克罗格（Krogor）、诺德斯特龙、蒂芙尼、古驰、威廉姆斯索诺玛、特斯科、宜家家居、家乐福超市以及盖璞的总和了。目前（截至 2017 年 3 月 20 日），杰夫·贝佐斯是世界上排名第三的大富豪，不久他就会成为世界首富，而当前的首

各公司市值一览（截至 2017 年 4 月 25 日）

7.8B NORDSTROM	27.3B (Kroger)
8.9B macy's	
10.5B GAP	
11.2B COACH	30.4B TARGET
11.5B TIFFANY & Co.	
227.6B Walmart	432.9B a

信息来自：Yahoo!Finance.https://finance.yahoo.com/

富比尔·盖茨，位列第二位的沃伦·巴菲特，他们都在软件和保险这两个行业里面有很深的涉足。但他们的公司都不像亚马逊那样，能轻轻松松每年收入数十亿美元并保持20%以上的年增长。

苹果：苹果公司的标志象征着财富、教养和西方价值观，它如同国际徽章一样印制在全球每一台精致的苹果电脑和手机上。归根结底，苹果填补了人类的两个本能欲望：第一，它让你觉得自己能更近距离地聆听上帝；第二，它让你在异性面前更有吸引力。苹果公司效仿宗教，创造了一套自己的信仰，包含基督替代者、狂热的追随者以及信物。在它所有的信众中，创新群体是苹果公司最重要的人员。苹果的商业目标——售卖低成本产品以获取高溢价利润，看似矛盾，但这使得苹果成为历史上利润率最高的公司。就跟法拉利的自动化工厂赚取溢价或者丰田汽车提高产量的方式一样。在2016年第四季度，有着23年历史的苹果公司净利润是亚马逊的两倍，现金流几乎相当于丹麦的国内生产总值（GDP）。

脸书：根据下载量和使用数据，脸书可以算是人类历史上最成功的作品。在全球75亿人口中，每天都有12亿人使用脸书。脸书、飞书信、照片墙是美国最受欢迎的手机应用软件。用户平均每天要花50分钟在该公司的产品上，每在线6分钟或者掏出手机的每5分钟里就有1分钟是在使用脸书。

谷歌：谷歌就是现代人的上帝。它是我们获取信息的源泉——上至天文下至地理；你从哪儿来，要到哪儿去；烦琐小事也好，深邃思考也罢，它都知道。没有任何一家公司有谷歌这样的公信力。向谷歌提出的问题中，有六分之一是之前从来没有人问过的。没有哪个人会被问到这么多之前没被提过的问题，法学博士、学者、神父都没有。是谁让全世界各地的人多了这么多没有答案的问题呢？

2016 年，谷歌作为伞形公司（Alphabet）的一个子公司收益高达 200 亿美元，让公司的收入增加了 30%，广告费的成本降低了 11%，广告费与其他同类公司相比少多了！与其他产品不同，谷歌的价值在日常使用中越发凸显。24 小时 20 亿人在线搜索信息，如此庞大的用户基数和数据信息流使谷歌远不像表面上看起来那么简单，其影响力超乎你的想象。谷歌每天采集分析近 35 亿条用户搜索信息，了解消费者的行为偏好。但这一切对传统品牌和媒体而言就是个噩梦，谷歌就是梦中的刽子手。耗时仅 0.0000005 秒，你的品牌新宠就在谷歌搜索时被推荐到了。

万亿市场的斗争

虽说数十亿人在使用上述公司的产品和服务过程中会收获生活或精神上的慰藉，但极少有人能从中获取经济效益。通用汽车人均经济产值大概是 23.1 万美元（市值 / 劳动力），这确实是了不起的成就，但与脸书公司的人均 2050 万美元相比就完全不值一提。这一数值几乎是 20 世纪巨擘企业人均产值的百倍。大家也可以设想下由曼哈顿下东区人口数贡献的十国集团的经济产出。

如此惊人的财富积累速度似乎违背了大数定理和加速度定律。仅在 2013 年 4 月 1 日到 2017 年 4 月 1 日期间，四巨头的财富增长了约 1.3 万亿美元（相当于俄罗斯全年生产总值）。

然而其他科技公司，不管新老大小，都正慢慢边缘化。惠普和 IBM 曾经是科技界的雄狮，然而现在四巨头几乎不再关注它们。成千上万个初创公司就如同身边的飞蛾一般，四巨头根本不屑去理会它们。任何对四巨头行业地位有威胁的公司都会第一时间被收购，而且收购价超乎想象 [脸书为收购一家有 50 名员工的即时信息公司，即 5 年司龄的瓦次

人力资本投资回报率

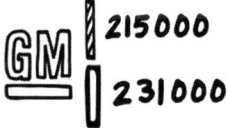

2016

◪ 企业 员工人数　　　□ 人均产值（美元）

通用汽车

GM | 215000
| 231000

脸书公司

f | 17,048

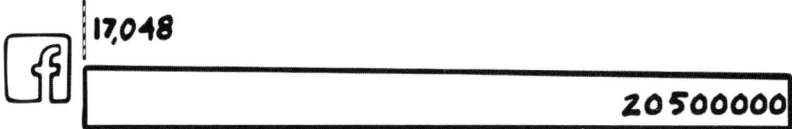
20500000

信息来自：

1.Forbes,May,2016.https://www.forbes.com/companies/general-motors/

2.Facebook,Inc.https://newsroom.fb.com/company-info/

3.Yahoo!Finance.https://finance.yahoo.com/

普（WhatsApp），投入了将近 200 亿美元。] 最终，四巨头的竞争者只剩它们自己。

2006 年全球前五大公司及其市值

埃克森美孚 ExxonMobil　**$540** BILLION MARKET CAP

通用电气 GE　**$463亿**

微软 Microsoft　**$355亿**

花旗集团 citigroup　**$331亿**

美国银行 BankofAmerica　**$290亿**

2017 年全球前五大公司及其市值

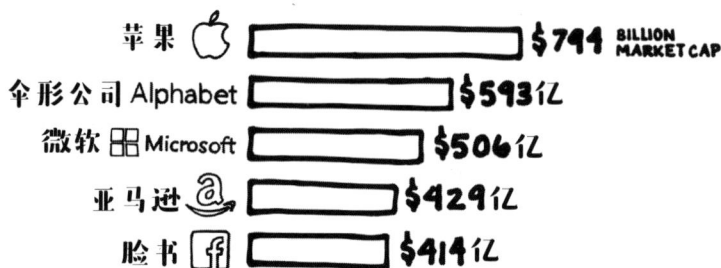

苹果 🍎	$744 BILLION MARKET CAP
伞形公司 Alphabet	$593亿
微软 ⊞ Microsoft	$506亿
亚马逊 a	$429亿
脸书 f	$414亿

信息来自：塔普林·乔纳森在《纽约时报》撰写的《谷歌该解体了吗》一文。

人们搜索商品的途径

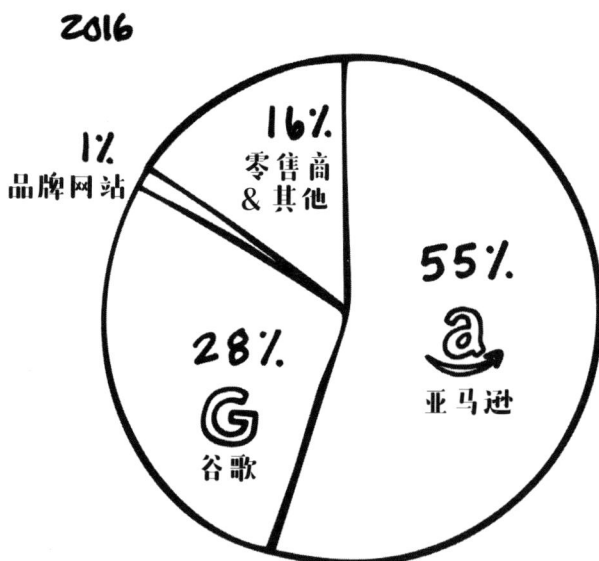

2016

1%
品牌网站

16%
零售商
& 其他

55%
a
亚马逊

28%
G
谷歌

信息来自：索珀·斯宾塞在《彭博》撰写的《超过 50% 的购物者优先选择在亚马逊搜索商品》一文

互憎中的安全

鉴于四巨头对商业、社会甚至这颗星球的影响力，小企业、法律规章，还有整个政府显然无力去阻止这场商业竞争。但是互憎中存在安全感。具体来讲，四巨头相互憎恨。当各自的领域已没有猎物的时候，四巨头之间开始直面竞争。

作为一代搜索利器，谷歌的出现意味着消费者购物时有了更多选择而不用再被品牌牵着鼻子走。这也标志着品牌时代的终结，直接侵犯了苹果的利益。在电影和音乐领域，苹果和亚马逊渐起冲突。亚马逊是谷歌最大的广告主，但在搜索领域它同样又威胁到了谷歌——55% 的人在亚马逊平台上搜索商品（用谷歌等搜索引擎的人数只占 28%）。在我们面前的电视和手机屏幕上正上演着苹果和亚马逊的激烈交锋，它们都想从对方的领域分一杯羹。智能手机定义了这个时代，而谷歌和苹果为操作系统（安卓系统和苹果系统）打得不可开交。

与此同时，Siri（苹果智能语音系统）和 Alexa（译为亚历克萨，亚马逊智能语音助手）的战斗进入白热化，成王败寇。而随着脸书完成了其产品从桌面到手机端的巨大转变，随即开始争夺谷歌在线广告的市场份额。未来 10 年里科技可能会创造更多的财富，这主要得益于云服务——一种可以按照用户需要启动或关闭的信息传送服务。如同当年阿里与弗雷泽的拳王争霸，亚马逊和谷歌拉开了云服务市场的角逐序幕。

为了各自的产品能完全主导社会生活，四巨头进行着史诗般的抗争。至于战利品，那可是超过万亿美元的财富和对人类生活前所未有的影响力！

我们该做些什么

　　了解四巨头发展进程中一系列决策的过程就是学习数字时代商业运营和财富创造模式的过程。在本书的前半部分我们将会仔细研究各个公司，各商界领袖能从中学习其经营策略和管理经验。

　　四巨头建立竞争优势的起源被吹捧得如同神话。本书的第二部分我们先体验一下这种神秘感，但不必太过在意。我们将探索一种新的方式来理解四巨头是怎样利用我们的原始本能获得发展以谋利，如何在虚拟世界里保卫各自利益的——在真实世界建立基础设施来阻挡潜在对手。

　　四巨头有哪些恶行？为了获取知识产权它们是如何操纵政府、阻挠竞争者的呢？我会在第六章讲到。是否会出现第五大巨头呢？本书第九章将就这个问题对潜在公司进行探讨，对象包括美国奈飞（Netflix）和中国零售巨头阿里巴巴。而亚马逊在某些方面与阿里巴巴相比就相形见绌了。它们之中会产生比四巨头更庞大的企业吗？

　　在本书第十章将讲述一些商业特性，了解这些有利于帮助你在四巨头的时代更好地发展。最后第十一章主要介绍四巨头的现今趋势。

"亚历克萨（Alexa），加洛韦是谁？"

　　以下是亚历克萨这款语音助手的回复："斯科特·罗伯特·加洛韦是一位澳大利亚籍专业足球运动员，甲级联赛中在中央海岸水手足球俱乐部作为后卫参赛。"

　　原来是那小子……

　　好吧，尽管我不是后卫，但在那个游戏匮乏的年代里，我确实接触过足球这项运动。我成长在一个中上阶层的家庭里，母亲是一位秘书。她是我心目中的超人，独自抚养我长大（单亲家庭）。大学毕业后我入职摩根士丹利（Morgan Stanley，美股代码：MS）公司，因为金钱和美女误入歧途荒废了两年。在投行工作对我来说是个错误的决定，最后我选择离职。再者，成熟稳重、纪律严明、谦卑恭敬、尊重服从各项制度等这些都与我无关，所以我也无缘入职其他行业的大企业。最后我只好自己创业。

商学院毕业后我成立了一家规模约400人的品牌战略公司——铂慧（Prophet），帮助其他公司在被谷歌重塑的新环境中寻找方向。1997年我进入多渠道零售行业，成立了Red Envelope（红包），该公司于2002年上市，最后在与亚马逊的征战中喋血而败。2010年我创立了L2，为世界各大公司和零售商检测社会影响力、搜索量、移动下载量以及网页流量。我们也帮耐克、香奈儿、欧莱雅、宝洁等公司做过数据分析。全球前一百的快消企业中有四分之一的企业是我们的客户，经济体量跟这前面4家企业相当。2017年5月，L2被高德纳咨询公司（Gartner，美股代码：IT）收购。

一路走来，我担任过很多媒体公司的董事，比如：纽约时报公司（The New York Times Company）、德克斯传媒（Dex Media）、阿达旺斯（Advanstar）等，但这些公司都被谷歌和脸书碾压掉了。我也曾担任过捷威（Gateway）公司的董事，该公司曾经每年电脑的销量是苹果的3倍，但利润却只有苹果的五分之一。可惜这么良心的企业结局却不美好。之后，我又在Urban Outfitters和艾迪堡（Eddie Bauer）两家公司出任董事，同样需要时刻提防零售商业巨鳄亚马逊的侵扰。

我另外一个身份是市场营销学的教授，2002年我成为纽约大学斯特恩商学院的教师，主要教授品牌策划和数字营销这两门课，学员约6000人。作为家族里面第一个考取大学的人，我感到特别幸运。是严厉的大政府（实行高压统治的政府）造就了我，尤其感谢加利福尼亚大学，尽管我本人并不很卓越，但这所世界顶级教育机构还是给了我特别重要的东西：积极向上的心态。

商学院教育体系的核心课程是金融学、市场营销、公司运营以及管理学，这类学科能显著提高学员的待遇——经过仅仅两年的学习，学生的平均薪资就能从入学时的 7 万美元涨到超过 11 万美元。学员将会用整整一年时间来学习上述课程，从中学到的知识技能对其职业生涯大有裨益。但第二年的学习多半是在浪费青春：选修课这类无关的课程只是为了完成教学要求，学员们则花天酒地。为了毕业时取得斯特恩商学院"智利营商"这门课程的学分，学员们到处参观，于洞见其真谛并无意义。

学校要求学生学习两年是因为可以收取 11 万美元的学费，而不仅仅是 5 万美元，以便为长期聘用的教职工提供足够的福利待遇。如果大学提高学费的速度比通货膨胀还要快（以后肯定会这样），那第二年同样也要提供更好的教学。我认为第一年的商业基础课程需要辅以实际演练，让学员们深入了解这些技能是如何在现代经济中运用的。第二年的核心课程应该研究四巨头并钻研它们的各个部门，如搜索部门、社交部门、品牌策划部门、零售部门，深入了解上述公司，了解它们如何利用人类本能做生意，了解它们怎样平衡股东利益和科技发展二者的关系，我们便可洞察现代商业，观察外部世界，探索自我内心。

在纽约大学斯特恩商学院任教期间，每门课程开始前和结束后我都会告诉我的学员：这门课程的目的是提高他们的见识，以便他们也可以为自己和家人提供经济保障。同样这也是我写本书的目的。在当今的经济社会中，成为百万富翁并不是件容易的事，但也没有想象中那么难。我希望读者可以借此提高洞察力，建立竞争优势。

THE
FOUR

Chapter
2

第二章

亚马逊

持枪家庭在美国占比 44%，而开通亚马逊会员的比例高达 52%。相比拥有一台固定电话，中上层家庭更乐意成为亚马逊会员。2016 年，美国 21% 的零售业增长和 50% 的在线交易增长都要归功于亚马逊。四分之一的消费者在去实体店购买商品前会去亚马逊看一下评论。

亚马逊上的确有一些优秀书籍，布拉德·斯通的《一网打尽：贝佐斯与亚马逊时代》就是其一。书中提到了对冲基金分析师贝佐斯和妻子共同从纽约前往西雅图，在路上贝佐斯为亚马逊制订出了商业计划。很多作家在研究亚马逊时认为该公司响亮的商业品牌、卓越的工程师和成功的商业运营是其核心资产。但在我看来，亚马逊之所以能从众多竞争对手中脱颖而出，继而进军万亿市值的竞争，其关键点在于其他方面。同其他三巨头一样，亚马逊的崛起在于其洞察了人类本能的真谛。另一个因素便是亚马逊善于描绘其发展前景，因而能够为公司发展筹集到惊人的资金。

狩猎者和采摘者

捕猎动物和采摘果实是人类最早学会也是最高效的适应生活的方

以下活动中美国家庭参与占比（2016）

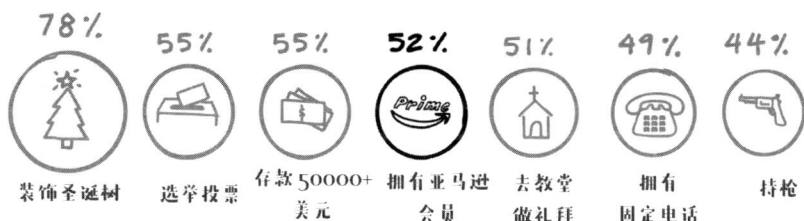

78%	55%	55%	52%	51%	49%	44%
装饰圣诞树	选举投票	存款50000+美元	拥有亚马逊会员	去教堂做礼拜	拥有固定电话	持枪

信息来自：

"男女在支持禁止杀伤性武器问题上存在着非常大的差异"——皮尤研究中心

"投票显示：在圣诞节当天，78% 的美国家庭将在家中摆放圣诞树。无需再次投票。"——美国圣诞树协会（American Christmas Association）

"2016 年 11 月大选投票率"——美国选举研究

"美国家庭平均收入：你拖后腿了吗？"——《傻瓜投资指南》（作者：斯托费尔，布莱恩）

"不想去教堂做礼拜"——《大西洋报》（记者：格林，艾玛）

"22% 的美国家庭认为固定电话是一种很重要的沟通方式"——兰德公司

"美国高收入阶层被亚马逊玩弄于股掌之间"——《时代周刊》（记者：塔特尔，布拉德）

式，几乎贯穿了整个人类历史。相较而言，文明社会不过是最新的一次转折。但在步入文明之前人类生活并没有听起来那么悲惨：在新石器时代和旧石器时代，人类每周只需花费 10 到 20 个小时去捕猎或者采摘就能维持生存。绝大多数采摘者是女人，80% 到 90% 的食物都是她们采到的。狩猎者主要为族人提供额外的蛋白质。

这并不奇怪。因为观测远处、发现猎物是男人的强项，相较而言，女人更适合观察眼前的事务，而采摘这个活动又是个极需细心的事情。土豆长在那里不会跑，但女人需要培养识别细小差异的技能，比如从食物的成熟程度、颜色、形状来判别其是否有毒。而狩猎者需要的是快速行动，一有机会杀死猎物就迅速出击。捕猎时根本没时间在意细节，速度和力量才是最重要的。一旦猎物被杀，狩猎者收集好战利品然后迅速回家。因为刚猎杀到的猎物甚至连同狩猎者自己都将成为其他生物的狩猎目标。

观察男人和女人的购物行为时，你会发现男女的行为差异并没发生多大改变。女人喜欢感受衣服的质地，试鞋子时经常拿裙子来搭，然后还会问问有没有别的颜色。而男人看见自己中意的衣服直接买走，然后迅速回家。对远古祖先来说，虽然收集来的东西已安全运达自己的洞穴，但他们总觉得堆积得不够。因为干旱、暴雪、瘟疫等都可能导致饥荒。所以，多收集食物是个很好的策略：最不济就是浪费一些，但如果收集得不够多就会饿死。

人类并不是唯一有收集强迫症的物种，对很多动物来说，收集物的数量意味着交配资格。比如说雄性白顶鹍，一种生活在欧亚大陆和非洲干岩地区的鸟，它们喜欢囤积石头，而石头堆积得越高（拿特里贝克地区阁楼的售价相比的话，价格越高），愿意和它交配的雌性也就越多。像神经官能症一样，收集强迫症最初的出发点很好，但其后的发展却脱离了轨道。每年都有大量的报道称人们被积攒的物品压倒在他们舒适（其实并不舒适）的家中。那位被消防员从积攒了45年的报纸下救出的人并没有疯，他只是在展示他遗传下来的原始人基因——收集强迫症罢了。

（注：特里贝克地区位于曼哈顿岛上的运河街以南，百老汇以西的三角地带。）

资本主义时代的人类

人的本能像一位阅历丰富的长辈，总是在我们耳边轻声细语，叮嘱我们为了生存必须做哪些事情。

本能又像一架清晰度不高的相机，要经历成百上千年来调焦。就拿我们对盐、糖和高脂肪类食物的偏爱来说。早期，这些东西是人类出于本能的理性选择，因为它们最难被找到了。如今不一样，我们有批量化生产这些东西的集团公司，如汉堡王（Burger King）和温迪汉堡（Wendy's），这些公司以很低的成本就满足了我们的日常需求。只是我们的本能还停留在旧时代。到 2050 年，有三分之一的美国人很可能会患糖尿病。

我们总是欲求不满，总是索取，直到超出自己财力范围。很多人穷得揭不开锅，基本生活都难以维持。但还是有数百万人借高利息的信用款，最终死在立普妥（Lipitor）这类抗胆固醇药物上，因为他们根本无法控制自己喜欢收集的本能。

人类本能和谋利动机造成过度收集。另外，如果其他体系不算在内的话，史上最糟糕的经济体系——资本主义制度，极大限度地激发了人类的收集本能（消费）。如今社会经济的繁荣与否又很大程度上取决于消费程度。

鼓励消费和客户至上的观念是资本主义社会商业建立的根本。因此，一个国家在世界上的地位与其消费需求和生产水平密切相关。"9·11"事件后，布什总统对沉浸在悲戚中的民众提出了建议：带着您的家人去佛罗里达州的迪士尼世界吧，享受我们想要的生活。在战争频繁、经济萎靡不振的时候，政府采取鼓励消费的政策，而不再是与国民患难与共。国家的建设需要的是民众的持续消费。

极少有哪些行业，比零售业更能充分利用消费者的心理赚取财富了。全球最富有的 400 人中（不包括金融界人士以及继承财富者），出身零售业的最多，连科技行业也比之不及。飒拉（Zara）创始人阿曼西奥·奥特加是欧洲最富有的人。法国酩悦·轩尼诗—路易·威登集团（LVMH）的伯纳德·阿诺特排名第三，他被认为是现代奢侈品之父，拥有超过 3300 家门店，超出家得宝（Home Depot）零售店的门店数。但是，零售业的成功故事被广泛报道，加之入行门槛低，很多人都梦想开一家属于自己的专柜。结果导致零售行业供过于求，诸如其他行业一样，波动不定。以下是零售行业动态：

● 1982 年业绩最好的 10 家公司分别是克莱斯勒（Chrysler）、法伊制药（Fay's Drug）、Coleco 公司、温尼巴格（Winnebago）、特勒柯司（Telex）、Mountain Medical 公司、Pulte Home 公司、家得宝（Home Depot）、CACI 以及数字开关公司。如今所剩寥寥无几。

● 20 世纪 80 年代业绩最好的公司——美国电路城公司（Circuit City）（股票增长 8250%），现在不过是家破产的大型商店，卖些不需要技术含量的电视和其他电器。愿它安息！

● 1990 年的十大零售商中只有 2 家仍在 2016 年榜上有名。其中成立于 1994 年的亚马逊经过 22 年的发展后，总收益于 2016 年达到 1200 亿美元，完胜沃尔玛。后者成立于 1962 年，历时 35 年，总收益才于 1997 年达到 1120 亿美元。

2016 年是亚马逊在零售业取得巨大成功的一年。除少数公司如丝芙兰（Sephora）、快速时尚（Fast Fashion）、瓦尔比派克眼镜公司（Warby Parker）外，2016 年对其他零售商而言可谓多灾多难之年。大批电子商务公司在寂静中呜咽倒闭，因为这些公司不像实体店那样会有店面，它们破产后甚至都难以被人察觉。有一天你登录一个你经常访问的网址，会发现它已不存在了。继而你会选择浏览另外一家，再也不访问之前那家了。

濒临绝境的零售商首先是利润萎缩，然后持续不断地做促销活动。促销的确能帮企业苟延残喘一段时间，但是结局总是不太美好。比如，在2016年12月假期旺季里，因为平均库存量超过了12%，所以零售商们把促销活动的比例从34%上升到52%！

为什么会发展到这一步？让我们先回顾一下零售行业的发展进程。在美国和欧洲，零售行业共历经了6个阶段。

杂货铺

20世纪初期，居住区附近的杂货铺是美国家庭购买食品和日用品的主要场所。那时候的零售店基本是夫妻店，在社会生活中扮演着重要的角色。在电视机和收音机问世之前，地方新闻消息主要通过杂货铺这个场所加以传播。光顾这里的都是社区的邻里熟人，小店靠良好的主顾关系得以发展，而那时"客户关系管理"这个词还没被人们广泛使用呢！店家们熟悉自家顾客，而信誉好的顾客还可以赊账。现在每当听闻家喻户晓的杂货铺申请破产的新闻时，我们的内心会充满怀恋（请注意，当一家老牌石油设备租赁公司倒闭时，可不会成为人们议论的焦点）。这种怀旧源自对这种零售店的历史情感，而这种情感已深深融入我们的文化中。

百货商场

伦敦的哈洛德百货（Harrods）和纽卡斯尔的班布里奇百货（Bainbridge's）迎合了一批新的服务对象：不再被家中长辈束缚的新兴阶层和富裕阶层女性。极具特色的伦敦塞尔福里奇百货公司（Selfridges）里不仅有上百个货品区、不同的餐馆、顶层花园、读写室、外宾接待区、急救室，此外还有大批高级管理人才。各楼层服务员通过培训上岗，采取销售佣金这

种新型的薪资支付方式获得工资。在百货商场，员工以顾客临时的朋友
身份充当导购，这一点是与角落小店购物的服务不同的，而这一运营模
式开辟出零售业的新天地。百货商店也更注重投资培养人才，使得工作
环境更有人情味。之后，美国和欧洲许多国家纷纷引进塞尔福里奇百货
公司的这种模式，包括其建筑设计、灯光照明、潮流时尚、消费观念和
商业氛围等。

百货公司也重塑了企业与消费者之间的关系。传统上讲，消费者企
业扮演父亲角色，总是告诉你什么才是最好的。教堂／银行／商店主管
了解一切。你得到他们集体智慧的成果，应该感到幸运才是。哈里·塞
尔福里奇（Harry Selfridge）说过这样一句话："客户永远是对的。"在当
时看来，可能显得溜须拍马。但事实上，这句话却有着无比深远的意
义。要知道，5家最老牌的零售商中有4家是百货公司：布鲁明戴尔百
货店（Bloomingdale's）、梅西百货公司（Macy's）、罗德与泰勒（Lord &
Taylor）、布克兄弟（Brooks Brothers）。

购物中心

随着美国经济的飞速发展，20世纪中叶以来，汽车和冰箱已经
普及，人们可以行驶到更远的地方购买更多的商品，然后储存在冰箱
里而不用担心商品会变质。这些都为零售业的发展创造了极佳的条
件，促使商场越做越大、商品越来越丰富，价格越来越低。百货公司
逐渐发展成购物中心。美国郊区的经济也迅速得到了发展，开发商们
在郊区为消费者提供舒适的消费场所，电影院、食品区以及各种服务
设施拔地而起。对于很多没有活动中心的郊区而言，这些购物中心便
成为主要的活动中心，方便人们消费。（新泽西州肖特山那里的人对
于当地的购物中心无比自豪，这一点一直让我感到很困惑。好像拥有

了奎兹诺斯（Quiznos）这家知名快餐连锁店的特许经营权一样：你就嘚瑟吧。）截至 1987 年，购物中心销售业绩占据美国整个零售业的半壁江山。

但是到了 2016 年，商业媒体为这种商业模式的终结而哀叹。购物中心销售业绩的 44% 只来源于 100 家商场。且在过去的 10 年里，商场中每平方英尺（1 平方英尺 =144 平方英寸 =0.09290304 平方米）的销售额下降了 24%。购物中心的经营状况很大程度上反映了当地的经济情况。郊区经济逐渐暗淡，大批商店纷纷倒闭。但也不乏发展良好的企业，尤其是为最上层四分之一的家庭提供停车和购物服务的公司。

巨无霸商场

1962 年发生了很多大事件：第一位美国人进入空间轨道、古巴爆发了导弹危机、情景剧《贝弗利山人》（*The Beverly Hillbillies*）上映。沃尔玛、塔吉特、凯马特（Kmart）都在那年成立。

巨无霸商场再次转变零售模式，引发了社会生活巨变。顾客通过批量购物而节省花销还只是其一，更为重要的是我们这个国家把消费者推到了各个行业的生产线前列。在家得宝（Home Depot）你可以自己挑选木材，在百思买（Best Buy）你可以了解各种款式的电视，最后将你最喜欢的款式带回家。

那时候，不管去哪儿消费，甚至去社区看病也一样，以尽可能低的价格买到商品是我们购物的标准。"看不见的手"开始向美国和欧洲各地的小零售商或低效零售商施展威力。生活社区里的夫妻零售店面临着日益严峻的竞争。新一代的零售基础技术设施也开始面世，比如：安装在克罗格的首台条码扫描仪就是在 1967 年开始出现的。

20 世纪 60 年代以前，法律禁止零售商给批量采购的商品打折。

因为立法者担心这将使数千家地方商店倒闭。另外，厂家通常也会为零售商制定销售价格。所以在当时折扣是一种受限且无杀伤力的营销武器。

该法案在 20 世纪 60 年代被废除，原因有很多，利润的下降和愈演愈烈的竞争便是其一。最终，"竞争到零利润"的时代终于开始了。如今，从 H&M 的主页上购买一件罗纹高领长袖连衣裙仅需 9.99 美元。同样的价格你也可以买到一件男式细针织毛衣。没错，确实很便宜，不管是对现在而言，还是对 1962 年那会儿而言。这无疑是个惊人的成就，也是残酷的竞争所取得的效果。

没有了该法案的管控，依靠买得越多折扣越多这种策略，巨无霸商场创造了数千亿美元的财富。在接下来的 30 年里，我们一起见证了当时市值最高的公司和全球最富有的人的崛起。山姆·沃尔顿（沃尔玛的创始人）就是在这种商业模式中发家的。而客户至上的商业观也由那时开始形成。现在人们抱怨亚马逊摧毁了太多的工作岗位，但是沃尔玛才是导致这一切的源头。其价值主张既清晰又令人信服：当你在沃尔玛购物时，你往往能享受到促销价格，你的生活更加美好，从此喝喜力牌啤酒，而非百威牌啤酒；用汰渍牌洗衣粉，而非阳光牌洗衣粉。

零售专卖店

沃尔玛实行公平的原则，但是大多数消费者并不想被平等对待，他们想与众不同。而且相当一部分消费者愿意为特殊服务支付额外的费用。这部分人的可支配收入似乎不少。

"批量折扣"的运营模式创造了市场真空地带，一些期望专业性服务或者有更高生活追求的消费者的需求没有得到满足。此时，专卖店应运而生，这使大多数上层消费者能够专注于品牌而非价格。于是，造就了诸如陶瓷大谷仓（Pottery Barn）、全食（Whole Foods）、Restoration Hardware（一家美国家具公司）等企业。

经济的好转也是专卖店兴起的原因之一。在那个繁荣发展的 20 世纪 80 年代，城市的年轻白领们在逛专卖店时发现自己家离"家"这个概念差太远了。家应该是个令人愉悦的场所，一个可以通过购买商品加以装饰并展现他们的教养和追求的地方。你可以在只卖烤蜂蜜火腿的地方找到合适的肉质，或者从只卖蜡烛的商店买到完美的蜡烛（灯彩），又或者其他。随着企业在网站商品目录下开设专卖栏，许多专卖店几乎无缝地过渡到电子商务时代。

真正定义了专卖店时代的零售商是盖璞公司（GAP）。该公司花重金投入在商店体验而不是在广告上，成为第一个生活时尚品牌。逛盖璞商店的时候你会感觉很酷，购买陶瓷大谷仓的沙发给当代美国人一种优质生活已经"抵达"的感觉。专卖店家还意识到就连购物袋也能给顾客一种成就感——当你提着威廉姆斯索诺玛的购物袋时，你会发现自己很酷，你会觉得美好的生活就在眼前，对烹饪也充满了热情。

电子商务

贝佐斯改变了零售业而不是零售业改变了他。在零售业发展进程中，不乏才华横溢的人利用人口结构或品位的变化，创造数十亿美元的财富。但是贝佐斯看到的是技术上的改变，进而重塑了整个零售业。如果没有贝佐斯的远见和他对技术的专注，电商本身就如同水中之月。

20 世纪 90 年代的电子商务糟糕得一塌糊涂，对各个进入电商领域的公司来说都是在做赔本的买卖。那时电子商务公司成功的关键不在于执行力，而在于对公司未来的可能性造势，然后在被看穿之前卖给一家资本雄厚的接盘侠。目前最火爆的例子就是闪购（Flash Sale）网站，它们能完成惊人的交易，但时间不定，被媒体界疯狂报道。这种模式清楚了吗？但是这种造势并不等于实际成交量。

在抗风险这点上，零售业从来都不好抗。但在西雅图巨鳄——亚马逊出现并吞噬其他零售商前，情况并没有那么糟糕。在过去的 10 年间，20 世纪的零售巨头，不管是梅西百货还是杰西潘尼（JCPenney's），它们的市场资本总额与日俱减。市场中有限的投入资本被亚马逊依靠其强大的执行力和远见所蚕食。结果便是曾经众多资本参与的行业如今被一家企业主导。

我们生活在消费主义文化社会，而零售业的发展轨迹也在逐步上升。所以当企业和各方利益一致，新型的运营方式取得成效时，企业便可以迅速扩大规模，为消费者和股东创造巨大的财富。沃尔玛的确让人们拥有了更美好的生活，至少是更好的物质生活。穿上 Zara 家的

闪购网站产业收益

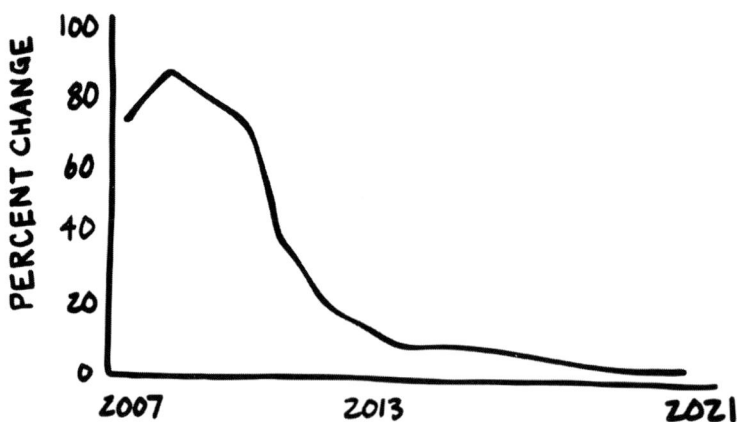

信息来自："为何闪购潮将一去不复返？——谁将引领下一代潮流？"资料来自零售行业权威网站 RetailDive（作者：琳赛、凯尔西）

那双银色涂层沟纹鞋底德比鞋时，你确实觉得自己变美不少，而用威廉姆斯索诺玛家的布莱维尔牌果汁机榨汁时，你也确实会觉得生活真是美妙极了。

不同之处在于，这次这些美好的感受都是由一家公司带来的，而且通过虚拟网络，速度之快前所未有。亚马逊不像传统商店那样建立实体店，也不用雇用成千上万名员工，但其服务迅速地涉及整个零售行业方方面面的数亿用户。贝佐斯认为亚马逊每个网页页面都是一家店面，每个顾客都可以是其业务员。而且公司的发展极其迅猛，根本不容其他竞争对手占有一席之地。

即将登顶全球财富巅峰之人

在首次互联网热潮中，贝佐斯只是像众多华尔街逃离者一样，抱着计算机科学学位证书，想在拥有广阔发展前景的电子商务领域大显身手。凭着卓越的见识和异于常人的专注，贝佐斯在这条路上很快便领先于其他人。1994 年他的网上商店在西雅图成立，贝佐斯选择了"亚马逊"作为公司的名字，因为他希望公司的规模能做到世界最大，而亚马逊河是世界流量第一的大河，正好与他的初衷相符。而另外一个他想出来的公司名就显得正式些：relentless.con（他现在仍拥有该域名）。

贝佐斯刚创建亚马逊时，线上购物并不能真正服务消费者。有限的网络技术并不能很好地展示商品的细节。比如在网店展示俄罗斯品牌汽车拉达时，消费者会觉得产品的设计不美观，动力不足。打响品牌要做到两点——广阔的前景和良好的业绩，而 20 世纪 90 年代至 21 世纪 00 年代的"互联网"这一品牌，仅仅是做到了前一点而已。

1995 年，电子商务需要捕获的猎物，首先需要很高的辨识度，再者容易猎杀，带回洞里后所担的风险系数也要小。因为你不小心带回的一株有害植物，都可能会毒害整群族人。贝佐斯最后将这个猎物定位为——书。

猎物呢，要容易辨认、容易猎杀、容易消化。你可以通过前言了解书的内容，那些书被堆放在仓库里。猎物到手了，整齐地堆放在仓库里。不用再到实体书店烦琐地去找书，书评这一产业链会告诉你哪些书值得"吃掉"（阅读）。贝佐斯意识到书评可以给他烦琐的零售工作提供便利，而亚马逊能充分利用互联网其他的优势：书籍选择和分发渠道。最终网上书店跟明亮的实体书店没有差别：一个门铃，友好的送货员。而且，他在西雅图机场附近租了一间仓库，以机器人能简单操纵的方式把书填满了整个仓库。

早期，亚马逊网店专注于书籍和"捕猎者"，即那些寻找特定商品的人。随着时间的推移，宽带使网店可以展现商品的细微差异，"采摘者"开始出现，他们浏览网页，权衡备选商品。那个时候，贝佐斯意识到可以在网店售卖一些人们还不习惯在网站购买的商品，比如 CD 和 DVD 之类的。而当苏珊大妈（Susan Boyle）的 CD《我曾有梦》（*I Dreamed a Dream*）在该平台创下了电商销售纪录时，也预示着亚马逊对身边的一切事物开始产生极大影响。

为了超越竞争者，同时加强网站上可选商品的价值，亚马逊引进了亚马逊卖场，让第三方商家加入其中。卖家可以接触到世界上最大的电子商务平台和庞大的客户群，而亚马逊能够在不增加库存的情况下使销售量激增。

亚马逊卖场销售额现今为 400 亿美元，占整个亚马逊公司销售额的 40%。卖家满足于亚马逊所拥有的庞大客户流，认为没有必要再去建立自己的销售渠道。与此同时，亚马逊通过数据分析，能够很容易地进入该商品市场中。一旦发现某一类别的商品销售很火爆，亚马逊就会自己去销售该产品。因此，如果亚马逊想做的话，它可以自己直接售卖畅销的商品，诸如"亚洲老人墙贴""尼古拉斯凯奇枕套"和"55 加仑润滑油"等。

亚马逊充分利用人类（捕猎、采摘）的本能，以最少的成本收集更多的信息。我们近乎魔怔地想拥有更多的物品，就像以前的穴居人，他们存储大量的枝条，用不同的石子打开不同的货品，用各种各样多彩的泥土在墙上作画，这样他的后代就知道什么时候该种庄稼，或者要避免什么危险的动物。

我们对物品的需求很现实：出于保暖和安全需要。这种需求也让我们学会了储备食物，帮助我们吸引异性，同时为后代提供良好的生存环境。简单的物品通常也是最优的，因为它消耗更少的精力，使得我们有时间做其他更重要的事情。

因为不用建立急需资本的店铺，这为亚马逊省了不少时间和精力。贝佐斯开始投资建设自动化仓库。规模就是效益，亚马逊可以以实体店无法承受的价格提供商品。接着亚马逊跟老顾客、作家们、快递公司、经销商等广泛合作，让他们在自己的网页上投放广告。贝佐斯为亚马逊引进了越来越多的合作伙伴。最后亚马逊冲出了小小的书籍、DVD 市场，开始向各个领域销售不同的商品。亚马逊从初步试运营到占领各大市场的方式类似于军事里的包以德循环（OODA Loop）：观察，调整，决策，行动。迅速果断地采取行动，强迫你的敌人，即其他零售商，在你的操纵下屈服，然后进攻下一个目标。在亚马逊发展的过程中，贝佐斯采取了这个策略，始终关注着顾客群体。

可笑的是，在亚马逊还没有完全成长起来的前 15 年间，传统零售商的首席执行官们往往提醒人们电子商务占零售业销售额不到 7%，导致在亚马逊拥有巨大的獠牙和无限的资本之前，一直没有做出联合努力来应对这一威胁。现在，一切都晚了。

时间快速进入 2016 年，当年美国零售业同比增长 4 个百分点，而亚马逊金牌会员数同比增长超过 40%。互联网是美国这个世界最大的经济体中增长最快的行业，而亚马逊又是互联网行业的佼佼者。在所有的重要节假日里（从 2016 年 11 月至 12 月），亚马逊占整个线上销售额的 38%，其下的九大线上零售商总共的销售额占 20%。2016 年，亚马逊被认为是美国最具信誉的公司。

零和博弈

整个零售业的增长跟美国经济增长基本持平，那亚马逊的这些业绩增长来自哪里？谁在丢失市场份额？——所有零售商。下表是美国主要零售商 10 年期间（2006—2016）股票升值情况，足以证明一切：

由于过多的实体商店、稳步不涨的薪资、不断变化的口味等，亚马逊为零售业创造了一场完美风暴。如今，大多数零售商遭到了炮轰，当然不是全部。

亚马逊成为零售业的暗黑君王，拥有特殊地位，而且跟该行业其他零售商完全相反。

通常来说，同行业的股票交易行情成正相关，即涨跌同步。在零售行业却不是这样，股市通常认为，对亚马逊的利好消息意味着对其他零售商的利空，反之亦然。这几乎是前所未有的商业历史现象。而随着亚马逊成本的下降，其他零售商成本却逐渐增加。这便应验了先前的说法。现实究竟怎么样并不要紧——掌握着 10 倍于对手的筹码，亚马逊

股价增长情况（2006—2016）

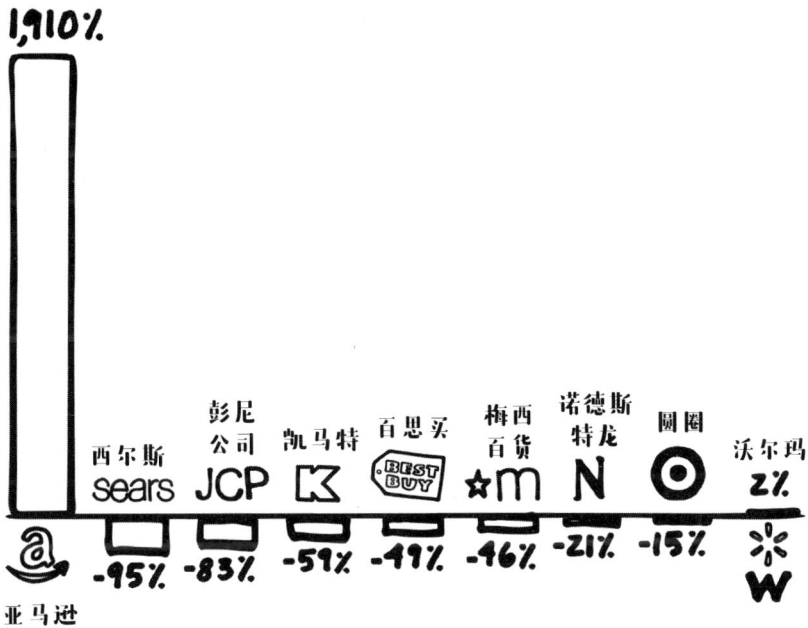

1,910%

	西尔斯 sears	彭尼公司 JCP	凯马特 K	百思买 BEST BUY	梅西百货 ✿m	诺德斯特龙 N	圆圈 ◎	沃尔玛 2% ✳W

亚马逊

-95% -83% -59% -49% -46% -21% -15%

信息来自："美国实体店零售店市值——2006vs现今"ExecTech（记者：乔杜里、马杜德）

2017 年 5 月 1 日 股价变更情况

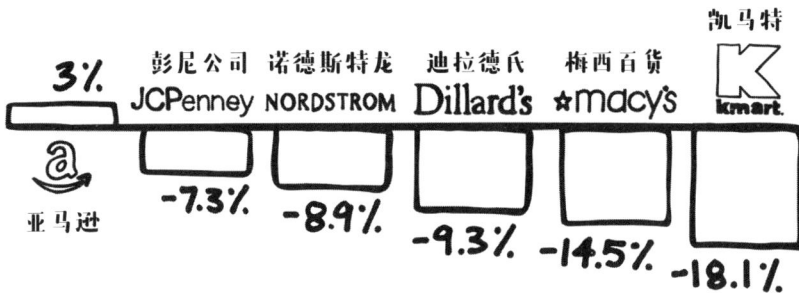

3%   彭尼公司 JCPenney   诺德斯特龙 NORDSTROM   迪拉德氏 Dillard's   梅西百货 ✿macy's   凯马特 Kmart

亚马逊

-7.3%   -8.9%   -9.3%   -14.5%   -18.1%

信息来自：Yahoo!Finance.https://finance.yahoo.com/

肯定会赢。它可以迫使其他人出局。

　　真正棘手之处在于人们开始思索，如果对亚马逊来说是好事，对整个社会来说并非有利怎么办？值得注意的是，甚至一些科学家和科技大亨，如史蒂芬·霍金、埃隆·马斯克等，都公开表示对人工智能的担忧。但也有其他人，如奥米迪亚和里德·霍夫曼，已开始大力资助对该领域的研究。贝佐斯正尽可能快地实现机器人技术，2016 年亚马逊仓库机器人的数量增长了 50%。

　　随着无收银台便利店（Amazon Go）的推出，亚马逊开始进军实体店。但是和传统实体店不同：顾客只需下载无收银台便利店的 App，在商店入口扫码成功后，便可进入商店开始购物。该便利店的传感器会计算顾客有效的购物行为，并在顾客离开商店后，自动根据顾客的消费情况在亚马逊账户上结账收费。

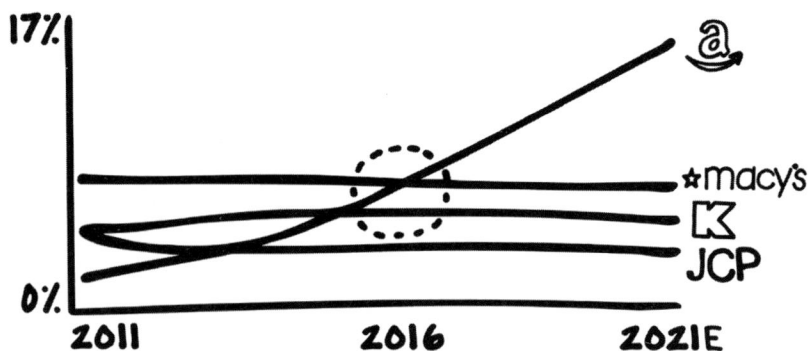

美国市场占有率
服饰＆配饰

信息来自：彼得森·海莉.“亚马逊即将成为美国最大的服装零售商。”Business Insider

　　其他零售商万分惊恐，也争先恐后地取消自己的收银流程。但是亚马逊最新的战略会让谁处于危机之中呢？答案是：340万美国收银员（2.6%的美国劳动力）——接近整个美国中小学教师的数量。

　　零售商们在积极应对无收银台便利店的同时，硬件制造商们也遭遇了亚马逊旗下智能音响设备"音谷"（Amazon Echo）的冲击。

　　音谷是一种类似扬声器的圆柱体设备，而亚历克萨是其人工智能系统，以亚历山大图书馆命名。亚历克萨能听见你的指令，与此同时它还会一直保持在线自然语言识别。用户可以通过它控制音乐播放、开启搜索引擎或者咨询问题。最为重要的是，它可以通过强大的语音识别软件收集所听到的信息并丰富其语言库。比如你对亚历克萨说"亚历克萨，把舒适达牙膏添加到购物车中"或者按下特洛伊安全套的Dash按钮（译者注：Dash按钮是亚马逊的一种硬件，它是塑料做的实体按钮，可以贴在或者挂在物品上，每个按钮只对应一样商品，按一下，就可以买下这件商品。Dash按钮如此简洁的背后，是你留在亚马逊上的纷繁信息——亚马逊知道你的信用卡信息，知道你的地址，知道你常用的尺码，知道你喜欢一次性买多少件同类商品。），不出一个小时，亚历克萨就会完全掌握这些信息，而亚历克萨会越用越智能。

　　用户能切实感受到这类服务的便捷，而对亚马逊来说回报更大：用户信任亚马逊，这让亚马逊可以监听到用户的对话信息，继而收集其消费数据。这让亚马逊更深入地渗透到用户的私人生活中，掌握消费者的内心欲望，这一点也是其他公司无法企及的。

　　亚马逊的短期目标是让用户通过无收银台便利店和音谷，实现零点击搜索的购物体验。通过分析大数据，研究用户的消费模式，亚马逊很快就会达成该目标。其智能化系统会帮助消费者做出决定，自动下单，满足消费者的购物需求。我将之称为超级金牌会员服务。在使用这种服务时，你只需隔三岔五地做下调整。当你出去度假时，往家里少购买些物品；朋友来访时就多些；当你不那么喜欢吃瑞士莲巧克力时就少订购些——剩下的步骤就交给亚马逊的遥控自动驾驶技术来实现。每次下单的时候亚马逊会送过来一个空盒子，你把不想要的东西放进去，然后亚马逊就可以记录你的购物偏好。这个空盒子会越来越小，因为亚马逊会逐渐知道你会购买什么。2017 年 6 月亚马逊推出一项特殊的购物服务，允许消费者在确定购买服饰前在家里试穿。消费者有七日时间决定是否购买，而且只在确定购买后才会收费。这一服务使亚马逊往零点击购物方向迈进一大步。

现在，请大家对比一下：如果你在下班回家的路上，苦苦寻找车位，试着在购物中心前停个车，去了商场排了半天的队却发现它们没有你想要的那种灯泡，最后又要排队给其他物品结账，回家的路上再次塞车。这样的购物中心和大型商场如何与亚马逊提供的那种快捷服务竞争呢？更不要说街边的夫妻小店了。我们正见证着零售业的大清算，就像目睹农业人口在一个世纪里从 50% 下降到 4% 一样，零售业在未来 30年中也将出现相似的情况。

亚马逊致力于让消费者的购物体验更加通畅便捷，打造与投资者的融洽关系，坚定地投资 B2B，这一切都把亚马逊公司推向了进军万亿市值的制高点。

通过收集世界范围内消费者的大量数据，亚马逊进一步加强了公司对整个零售业的控制力。现在该公司已经掌握了大量你我的信息，过不了多久，它会比你更了解你自己的消费偏好。但我们好像对此并不在意，因为我们自愿地提供了所有的信息。

廉价资本获取——讲故事

在很长一段时间里，亚马逊比当今任何公司都容易获得廉价资本投入。

20世纪90年代，大多数获风险投资的优秀科技公司在给投资者带来回报之前，融资的数额不会超过5000万美元。相较而言，亚马逊在公司营收平衡之前就获得融资21亿美元。当公司开始获得投资回报时，亚马逊便投入了数百万甚至上千万美元用于手机市场的开拓。就算该项目在一个月内就失败了，对亚马逊而言也只不过是公司过度发展的一个缓冲而已。

现在来看一下长期资本市场，如果其他财富500强公司，如惠普、联合利华或者微软推出手机，而后又胎死腹中的话，那该公司的股票将会像亚马逊在2014年那样跌幅超过20%。在股东们气得尖叫时，公司的首席执行官也会立即做出相应的改变，采取措施以减少股票下跌。而亚马逊并不会因为这样而股票大跌。原因是什么呢——如果你有足够的筹码决战到底，你终究会赢。

亚马逊核心竞争力：讲故事

通过讲故事勾勒出宏伟的愿景，亚马逊重塑了公司与股东之间的关系。故事一般通过各种媒体传播，尤其是那些商业和科技媒体。大多数媒体把科技公司的首席执行官们视为行业新星，为此也乐意把亚马逊放在焦点位置，给予头版报道，增加曝光度。现在还有科技巨头公司与股东签订这样的合同：如若给公司投资数千万美元，发展几年后我们将开始以利润的形式把资本回馈给股东。亚马逊一定程度上打破了这一传统。它以讲故事的方式勾勒出公司愿景和增长预期来吸引投资者，而不是传统上的利润回报。这些故事简单有力——双方都非常满意。

故事： 全球最大的商店。

战略： 在切实影响消费者利益方面进行巨额投资——以更低的价格，更多的选择，更快的物流。

得益于这一目标的逐步实现，亚马逊股价持续走高，而该公司也越来越容易获得资本投入。绝大多数零售商股票市盈率为 8，而亚马逊这一数值为 40。

另外，亚马逊使华尔街对其采取了不同的分析标准来评判——更高的增长预期但更低的盈利预期。这样一来，公司能够将每年递增的收益毛利更多地投入商业运营中去，然后完美地避开了所有的税务。反过来这一战略又为亚马逊建立越来越深的商业护城河提供助力。

利润之于投资者犹如海洛因之于瘾君子。投资者喜欢利润，我的意思是完全沉浸其中。对，公司要投资，要增长，要创新，但是不要妨碍我获取利润。

亚马逊对于资本配置的改革，就如同商学院代代相传的那种改革一样——它们注重的是长远目标，完全不顾投资者的短期利润。如此运作的公司和一个只顾学习不参加舞会的年轻人一样罕见。

正常的商业思维：如果我们能以历史最低的利率借钱并回购股票，短期内能预见股票市值增长带来的收益，为什么要投资于长期增长，为随之带来的工作机会买单呢？这样太冒险了。

亚马逊的商业思维：如果我们能以历史最低的利率借钱，为什么我们不把这些钱投资在昂贵的物流控制系统中？这样我们才能在零售业立于不败之地，让竞争对手无路可走。公司会发展得更快，成为更加庞大的商业帝国。

沃尔玛试图吸引母公司不遗余力地对公司长远发展投资，但市场是不会从坐落于本顿维尔的母公司购买这种到期债券的。在沃尔玛2016年第一季度的财报中，管理层告知华尔街，沃尔玛将大幅增加技术资本支出以"赢得零售业的未来"。

这是沃尔玛唯一正确的选择。然而，这一战略意味着预期收益的减少，也预示着股票市场将出现回落。在第二天开盘20分钟内，沃尔玛市值蒸发200亿美元——相当于两个半梅西百货市值总额。

亚马逊的投资人如同成长在米特·罗姆尼（2012年美国总统候选人之一）家中的瘾君子一样，永远都接触不到海洛因（利润）。通过一个接一个的财报会议，亚马逊强化了投资人对增长的愿景，淡化了其对利润的渴望。亚马逊提醒股东们不会给股东支付红利。抚平投资人创伤的膏药就是统治世界的愿景。拥有新潮的技术（无人机）、内容（电影）和星际迷航（Amazon Echo），其中无收银台便利店是继iPad之后最受消费者热议的硬件产品。这就是在讲故事，像哈利·波特的故事一样，一集比一集精彩。

廉价资本——百倍风险

精明的贝佐斯先生公开把亚马逊的风险项目分为两类：一、那些必须进行到底的项目（这是公司未来的发展）；二、那些可以从头再来的项目（试验中的项目，没有成效我们就另寻他路）。

贝佐斯认为，进行风险二项目的市场试运营是亚马逊投资策略的关键，其中包括建立空中仓库或系统确保无人机正常运行。而亚马逊也已经为该设施技术申请了专利。风险二项目投资占比不会太高，因为这些项目很可能会在浪费太多资金之前就被取消。风险二项目在形象塑造方面也能给亚马逊这个全球领先的公司加分不少。股东们喜欢这些激动人心的冒险故事，觉得自己参与其中万分荣幸。另外每隔一段时间，因为项目的成功，投资人实际上就结束冒险了——每当这个时候，亚马逊就有了燃料（资金）来点燃火花，掀起一场风暴，让竞争对手一败涂地。这里有个被忽视的教训是，亚马逊的成功不仅仅是其拥有足够的资本，更为重要的是当一个产品表现不是太好之后，亚马逊会立即让它胎死腹中，从而解放资本（对亚马逊而言主要是人力资本）来启动新的疯狂计划。

而在传统公司里得到的经验告诉我：任何新事物都具有创新性，而被指定去做事的人常常不理智地对新项目充满激情，最后又拒绝承认他的项目是多么愚蠢和可笑。其结果是，传统公司不仅可用于投资的资金少，而且业务板块波动也不大。亚马逊坚持保持严谨的投资纪律性，即在项目真正起作用前不过度投资。过去的 3 年里出现了关于亚马逊进入实体店零售市场的种种炒作，但是至今亚马逊才不过拥有 24 家实体店，原因就在于它们没有找到合适的扩张方式。

如同其他伟大的领导者一样，贝佐斯能够把一个疯狂的想法解释得并不疯狂，却很实际。那，我们怎么没想到呢？真正疯狂的想法并不愚蠢，而是大胆。对，第一次听说空中仓库时你觉得这个想法很疯狂，但是请思考一下租赁和运营传统地面仓库的成本。哪种开销最大？用地成本！现在你再回想空中仓库，也不是那么疯狂了对吧。

贝佐斯坚定地认为：亚马逊在发展过程中，总是全力去追求最好的效果，如同用力挥棒，力求打出一个全垒打。但是这个比喻也不是正确的：在棒球比赛中，一个大满贯也才得 4 分。相对而言，亚马逊金牌会员和 AWS（亚马逊旗下云服务）是极为受欢迎的，这两个服务让亚马逊犹如持球在手，能跑完上千的垒跑（产生巨大的收益）。正如 1997 年

浮动仓库
专利未决

贝佐斯在亚马逊的第一封年度信中所写"如果有10%的机会获得百倍收益，那么无论如何你都应该接受这个赌注"。

当然，大多数首席执行官不这么认为。甚至只要成功概率低于50%，大多数人都不会接受这一风险——不管潜在的回报有多大。这就是市场价值逐渐从传统公司转移到创新企业的重要原因。今天很多成功的企业可能拥有大量的资产、现金流以及品牌知名度，但是他们看待风险的方式与许多科技公司差异太大，最终将会灭亡。而科技公司生活在当代，认为无限风光在险峰。

现存的一种偏见一直困扰着传统企业的首席执行官和股东。有一种职位只有出现了糟糕的事情你才会发现它的存在，很多行业都有这类职业：财务、审计员、空中交通管制员、核电站操作员、电梯检查员、海关。你可能永远不会被关注，一旦被曝光你可能会声名狼藉。成功的传统首席执行官们有类似的偏见——一旦被爆出不好的事情，社会随即充满对他们的种种议论。

高管们的薪酬如此之高很容易引发热议，所以最好远离聚光灯，直到安然退休。然而，如果你在谷歌上搜索"商业史上最大的错误"，大部分结果是公司们因为害怕风险而错失的发展机会。例如 Excite 公司和布洛克巴斯特（Blockbuster）曾分别拒绝收购谷歌和奈飞。

历史有利于大胆的人，而补偿金常常钟情于温顺的人。作为一家《财富》500 强企业的首席执行官，最好走一条充满风险的道路并坚持前行。大公司可能有更多的资产用以创新，但很少会冒大风险或牺牲现有业务，也不会疏远供应商或投资者。它们的商业目标就是不输，股东们也支持这么做——直到最后股东转身离去，去购买亚马逊的股票。

大部分公司董事会询问管理层：我们怎样以最少的资金（投资）创造最大的优势？在亚马逊完全相反：我们应该怎么做才能为公司建立优势，而这一优势的建立又投资如此巨大以致竞争者不能承受呢？

为什么会出现截然相反的情况？因为亚马逊能够以低于同行的资本回报率获得融资。把运输时间从两天缩短到一天？那需要数十亿美元。亚马逊将在城市附近建造智能仓库，用地和人力成本骤升。以任何传统的标准衡量，这都是一项回报微乎其微的巨大投资。

但是对亚马逊而言，一切都向着良好的方向发展。原因？梅西百货、西尔斯和沃尔玛无法负担以数十亿美元的代价来为它们相对较少的在线业务缩短运货时间。但是消费者喜欢，竞争者只能在一旁无力地叹息。

2015 年，亚马逊在运输费用上投入 70 亿美元，而物流总收益为 24 亿美元，净亏损近 50 亿美元。公司疯了吗？才不是。亚马逊和世界上拥有最大的海上运输巨轮的公司合作，迫使竞争者效仿，降低商品价格，努力达成消费者对物流时间的预期。不同的是其他零售商如果下海的话只会被溺死，然后亚马逊浮出水面统治整个零售海洋。

　　进行风险二项目投资也会降低股东对项目失败的敏感性。在这点上四大公司都一样——苹果和谷歌半公开地开展了自动驾驶项目，脸书靠定期推出新的功能进一步从用户那里获利，当新试验的功能不是很好时立即会被取消。正如贝佐斯在第一封年度信中写道：失败和发明是双子星。你必须做试验才能创造发明，如果你提前知道会不会起作用，那根本算不上试验。

红、白、蓝（美国国旗三色）

　　四大公司在投资战略上都极有纪律性，选择一个大市场，大胆试验，明智地抉择，容忍失败。容忍失败这种商业基因是亚马逊成功的核心，更广泛地来说，是美国经济发展成功的基础。经我创建或共同参与成立的企业有9家，其中3家上市，2家继续运营，倒闭4家。没有哪个社会能有像美国这样对企业的容忍度。在美国你可以重新再来，就算贝佐斯先生是个全球主义者，亚马逊的文化本色还是红、白、蓝。

　　大多数上层人士有一个共同点：体验过失败。他们切身经历过，而且不止一次，因为通往财富的道路往往充满风险，但这些风险终究会让你生活得更好。当你被迎头一击后，社会鼓励你拍拍裤子上的灰尘重新回到拳击场，为下一次的出击蓄力。这种文化才是造就亿万富豪的核心本质。美国是破产法最为宽松的国家，吸引了大批的愿意冒风险的创业者，也造就了世界上绝大多数顶级富豪。地球上50位最富有的人中有29位生活在美国，三分之二的独角兽公司（估值超过10亿美元的私营公司）的总部设在美国。

卖铲子

如同拥有一块有地下煤矿的土地一样，卖给矿工挖矿铲也是不错的。170 年前加利福尼亚州的淘金热证明了这一点，而亚马逊也证明了这种模式在今天仍然是可行的。亚马逊拥有一座利润丰厚的矿井：公司利润来自消费品销售（亚马逊自营和亚马逊大卖场）和亚马逊媒体集团及其云服务的广告销售收入。

大多数电子商务公司永远都不可能盈利，到最后投资者不再对公司"贝佐斯再现"这一愿景充满幻想时，公司会被售卖或者被合并。赢者通吃的商业生态体系加速了收购进程。最后一英里（1 英里 =1.609344 公里）的运营成本以及普遍较差的（在线）体验，使得以单一业务生存的电子商务公司难以为继。

亚马逊也不能免俗。但就算亚马逊的核心商业（纯电子商务）不能盈利，公司给消费者带来的巨大价值，还是使它成为全球最值得信赖和最有信誉的消费者品牌。亚马逊在电子商务销量中占据主导地位，但其商业模式并不容易复制和维持。如今，人们很容易忘记这一事实：即亚马逊直到 2001 年第四季度，也就是成立 7 年后才扭亏为盈，而且从那以后利润就一直持续下降。过去的几年里，亚马逊利用其品牌商标价值进一步扩展，以寻得利润更丰厚的业务。回首一想，亚马逊零售平台（纯电子商务）就如同特洛伊木马那样仅仅是与消费者建立了联系，最后在其他业务中才能盈利。

虽然从 2015 年第一季度到第三季度，亚马逊零售业务增长率从 13% 上升到 20%，但同期亚马逊的网络服务系统——零售商的服务器网络与数据存储技术——自 49% 上升到 81%。AWS 业务占据了亚马逊总营业收入很大比例，收益增长率从 38% 上升到 52%。分析师预测 2017 年年底 AWS 的销售额将达到 160 亿美元，市值将超过该公司零售业销售额达 1600 亿美元。换句话说，虽然大家都认为亚马逊是一家在线零售商，实际上它已经成为一家全球最大的云服务公司。

该公司远不止于此，仅亚马逊媒体集团的收入就将很快超越推特公司 2016 年全年 25 亿美元的总收益，成为最大的在线媒体之一。美国最受欢迎的独家品牌——亚马逊金牌会员（44% 的家庭是其会员）99 美元 / 年，提供两天达免费送货、精选产品 2 小时内装货、视频音频（包括原创）下载等服务。新鲜创意首先会投入较小的预算使其完善框架，然后展示在网站上让用户来决定哪个项目可以通过。

同世界上任何一个拥有主权的超级大国一样，亚马逊奉行三方并行战略：海、陆、空。零售商先生，你能在一个小时内把商品送到顾客手中吗？这对亚马逊来说完全没有问题，其投资建设基础设施的资本行业里无人可以承受——建立在城市中心由机器人操作的智能化仓库，专用货运飞机和卡车。每天 4 架波音 767 货机通过附近的斯托克顿机场从加利福尼亚州特雷西运送货物，目的地是去年建成的 100 万平方英尺的巨型仓库。

2016 年年初，经过美国联邦海事委员会的许可，亚马逊作为远洋运输中间商可以提供海运服务。如此一来，亚马逊不仅可以为本平台运输商品，同时也可以为其他公司提供服务。这项被标榜为"亚马逊战略"的服务，并不会给个体消费者带来直接的利益，但这将使亚马逊中国合作伙伴的产品能够更容易、更高效地穿越太平洋。猜猜亚马逊要多久才会主导海洋运输业务？

太平洋运输业务的市场价值达 3500 亿美元，但利润率很低。每运输一个可容纳 10000 件产品的 40 英尺集装箱收费 1300 美元。除非你是亚马逊，否则会是个苦差事。海洋运输最大的成本来自劳动力：卸货装船及记录工作。而亚马逊可以部署硬件（机器人）和软件来降低成本，再加上该公司刚建立货运飞机队，足以证明这可能成为亚马逊的另一项丰厚的业务。

随着无人驾驶机、757/767 型飞机、拖拉机拖车、跨太平洋运输巨轮的加入，在退役海军将领（这可不是玩笑）对海上物流指挥协调下，亚马逊正在建设历史上最强大的物流基础设施。如果你像我一样，这只会让你敬畏：我甚至震惊得都不能确定冰箱里是否还有佳得乐让我喝了。

新零售

亚马逊全球战略的终极一招在于利用其线上积累的巨额财富来征服线下零售市场。这是极其明智的选择，实体店或许本就该在电商的崛起时代凋亡殆尽。

但事实上实体店消亡论被过分夸大，逐渐走向穷途末路的不是线下商店，而是中产阶级，以及为这个曾经伟大的群体及其社区生活提供服务的企业。作为美国商业地产之王，西蒙地产集团股价经历 2016 年新高后，在 2017 年遭遇滑铁卢。但随着该公司逐渐出售中低阶层社区地产，专注于服务顶级社区，西蒙前景依然可观。美国大约有 1000 家大型购物商场，而根据销售额、规模、品质等其他衡量标准，前百强物业占整个商场市值比例高达 44%。另一家高端商场地产商塔博曼地产公司报告显示，2015 年该公司商业租户平均每平方英尺销售额为 800 美元，较 2005 年上涨 57%。而中低社区地产商 CBL 金融公司同期这一数值仅为 374 美元，涨幅 13%。

因此，实体店不会消亡——特别是中高端商场，同样电商行业也将继续发展。最终的赢家将是那些懂得如何将两者结合起来的企业，而这也正是亚马逊的目标之所在。

零售业下一阶段将会进入"多渠道时代",线上线下以及和社区的良好结合是企业成功的关键因素。一切都表明亚马逊正开始主导那个时代。笔者曾多次提及亚马逊将部署实体店,且业务拓展规模巨大。收购一家如梅西百货一样濒临绝境的零售商,或拥有完善运营系统的大型连锁便利店公司对亚马逊来说都是个不错的选择。鉴于该公司首要目标是在最短的时间内服务到更多的家庭用户,亚马逊最大的支出来自其运输成本。这就是为什么亚马逊会收购拥有 460 家连锁店的全食公司,由此该公司在消费者密集的各城市中心快速建立了自己的便利店帝国。亚马逊曾在其网站销售食品杂货等长达 10 年,但运营效果并不理想,消费者更倾向于到实体店购买农产品和肉类产品。在零售业的"多渠道时代",商业成功的核心在于选择一种最合适的运营渠道以及了解如何迎合人类消费本能。

截至本文撰写之时,亚马逊不仅完成了全食公司的收购,还在西雅图和旧金山湾区试运行自有便利店。如今该公司已在西雅图、芝加哥和纽约开设了实体书店,圣地亚哥、波特兰、新泽西等地陆续会开设其他实体店。为什么亚马逊这个书店的终结者会拓展自己的实体店?为了诸如音谷、金读(Kindle)以及公司其他产品的售卖。亚马逊首席财务官承认,消费者希望能更直观地了解产品。另外,该公司还在试运营 10 多家时尚潮店以进一步打击美国购物中心,到 2017 年年底,该类店规模预计将达 100 家。有意思的是,这一系列的商业部署却发生在零售巨头如梅西百货、西尔斯公司、凯马特连锁、杰西潘尼以及科尔士百货等宣布将在 2017 年关闭数百家商场之后。

与此同时,为在"多渠道时代"取得领先地位,实体店巨无霸沃尔玛公司投资 33 亿美元收购了亚马逊竞争对手杰特公司(Jet.com)。如同感受到中年危机的人去染发一样，这样做并不能使其重焕生机，沃尔玛备受打击，其线上业务并没有取得进展。而这一切，都要归咎于亚马逊。随着该公司朝其既定目标继续前行，沃尔玛线上销售增长已经放缓，甚至持平。

Jet.com 展示了昙花一现的互联网企业和具有成长性的独角兽公司的区别，前者如同街头的推销商，而后者是智慧的远见者。那么如何区别二者？有机会变现的那家企业就是独角兽，而 Jet 公司的创办者马克·劳尔就属于远见者。劳尔和贝佐斯本质上是同一类人，都认同艾茵·兰德和达尔文的观点和主张，并如达斯·摩尔一样对战争充满热忱。劳尔在转战电商领域前是一名银行经理，其网站捕获的是比书更具有辨识度的猎物：尿布。

2005 年劳尔创建了在线销售母婴类产品的电商奎德斯公司（Quidsi）（旗下包括 dispers.com 网站）。贝佐斯在参观该公司时肯定感到宾至如归。那时的奎德斯已拥有了高深的算法技术，并且利用吉娃机器人（Kiva）在市中心附近打造了智能化的仓储和物流系统。意识到奎德斯公司可能将成为亚马逊的劲敌，2011 年贝佐斯以 5.45 亿美元收购了该企业。此举让亚马逊在母婴商品这一关键领域又迈进了一大步，并收获了一批卓越的管理人才，最重要的是消除了竞争对手的威胁。但劳尔并不想单纯地为贝佐斯打工，其立志成为行业中另一个贝佐斯。两年以后，劳尔离开亚马逊，带着他变现的财富创建了百货电子商务公司。对于亚马逊来说这种感觉就像是和丈夫签订了一个 5 亿美元的离婚协议，然后前夫转身搬进隔壁和闺蜜好上了。

前妻很气恼，后果很严重。2017 年 4 月，贝佐斯关闭了奎德斯公司并解雇其员工。或许从商业上来看奎德斯公司本就应该关停，但笔者猜测这一动作是对劳尔的回应："杀千刀的，去死吧。你离我而去，那我就将你的兄弟们扫地出门。"不要忘记这世上绝大多数的组织机构都是由人来管理的，更确切地说是中年人。他们如此自负以至于有时候就会做出不理性的决策。

基于高深的算法技术，杰特公司会根据商品的运输成本和利润情况适当地降低其产品价格以鼓励消费。同著名商超好市多（Costco）一样，该公司采取会员制，年费 50 美元。这是第一家有勇气直面亚马逊的公司，并在运营第一年就融资 25 亿美元，但是该项融资对于公司发展没有任何意义。为使生意更加火爆，杰特公司在获投不久就宣布取消会员制（译者注：会员费是该网站收益的主要来源），此种做法和公关上把狗皮膏药吹捧成神丹妙药如出一辙。在即将被沃尔玛收购时，杰特公司每周光投到广告上的资金就高达 400 万美元，以至于公司需要达到 200 亿美元的年销售额——超过全食或诺德斯特龙的年收益——才能实现收支平衡。在数字化时代，传统营销方式日渐式微，而且消费者利用便捷的互联网工具自己就能发现好产品，鉴于此，一些企业家趁机以互联网之名筹集大量的资金，标榜自己为行业的颠覆者，最后把公司出售给深陷泥潭的传统企业，这便是"互联网新营销"。

当沃尔玛试图为其现有的商场打造在线服务系统时，亚马逊已经开始将林林总总的实体零售店并入其在线购物"帝国"。二者之间最终很可能是亚马逊胜出。消费者越来越倾向于"无渠道感知"的购物体验，即电子产品（特别是智能手机）作为中介渠道连接消费者、商店和网站。客户的购物偏好决定了市场走向，他们有三种购物方式：1. 在线电商；2. 实体商场（店）；3. 智能手机。手机购物无疑是最佳的购物方式——不用排队等候，购物便捷，商品更换迅速。丝芙兰、家得宝以及部分百货商场已经实现了这种多渠道整合。

目前来看，零售的未来更可能是"丝芙兰"式而不是"亚马逊"

式。但亚马逊有资本实现消费者购物"无渠道感知"的梦想，且该公司会帮助其他零售商达到这种技术水平（当然不是免费的）。

那么问题来了，为什么亚马逊这个线上零售之王，会进入多渠道零售领域？答案是电商业务的商业模式行不通，没有任何一家纯粹的电商公司能在市场长期生存。

电商企业起步阶段，获客成本逐步上升，但消费者品牌忠诚度却持续下降。公司必须投入大量的资金提高客户活跃度。2004 年，47% 的消费者能说出自己最喜爱的品牌，但到 2010 年这一比例下降到 28%。纯粹的电商企业处境愈加艰难，没有哪家公司会把企业未来放在谷歌推广和不活跃的消费者身上。

亚马逊不再对高成本获取到的零忠诚度的客户抱有期望，所以该公司依靠价格优势以及原创内容或独家产品，让消费者决定是离其而去还是开通亚马逊会员。会员代表着对品牌的忠诚，也意味着亚马逊有持续收益。他们每年的消费额比非会员客户高出 140%。按照当前会员增长速度来看，随着无线网络的普及，8 年内，美国家庭中亚马逊会员将会比有线电视更普及。

亚马逊上每月的平均消费
美国 2016 年平均值

| 金牌会员 | $193 |
| 非会员 | $138 |

信息来自：石·奥德丽."亚马逊的黄金会员人数现已超过非会员人数。"《财富》

　　此外，打造强大的多渠道服务系统工程浩大且成本高昂，而资金对零售商来说就是在行业生存的筹码。亚马逊智慧生活项目（Cue Amazon），其基础设施就是铺设在世界顶级富豪家中用以连接公司产品的电缆管道。70%的富裕家庭拥有亚马逊会员，亚马逊的实体店实际上充当着解决亚马逊和其他零售商最后一英里运输问题的仓库。

　　设想你在网上买了一件黑色迷你裙，请看运输流程：商家从仓库发货，接着卡车运货到机场，飞机抵达目标城市，再由卡车送到你家。不巧你刚好不在家，第二天回来试穿后并不满意。你要求穿棕色制服的快递员将其返还商家。然后商品又从卡车到飞机再到卡车最终回到仓库。这种方式使得物流成本居高不下。实际上自2012年第一季度以来，亚马逊的运输成本增长了50%。如此运营不利于持续发展，除非亚马逊能够收取会员费并从其他使用其基础设施的商家中获利。而这也正是该公司的目标之所在。

　　沃尔玛在其达到行业巅峰之时也未能拥有自己的货运飞机。在过去的10年间，提供一夜达服务的物流公司如联邦快递、敦豪速递以及UPS快递收费平均上涨了83%。货运行业从30年前出现以后并没有多大的创新。现在令他们震惊的是行业里出现了极为难缠的对手。上述三家企业总市值为1200亿美元，但在今后的10年里，大部分市场将会被亚马逊占领，因为消费者更信任亚马逊这一品牌。这家西雅图公司可以标榜为美国和欧洲最大的物流公司，当然也是自己的第一个合作客户。

亚历克萨，我们要怎么摧毁品牌？

　　亚马逊的语音智能系统亚历克萨，可能会动摇零售业和品牌商的基础。笔者在学术界的部分同僚认为品牌建设始终是商业运营中的制胜法宝，但这一想法并不正确。在业绩表现连续五年超过标准普尔指数的13家公司中（一共只有13家），只有一家是消费品牌——安德玛。注意：明年该公司就会在名单上消失。

广告公司的创意总监和消费品公司的品牌经理很快就能"多花时间陪陪他们的家人了"（下岗），品牌时代已日薄西山。

品牌效应的确能引导消费者购买其公司产品。快消品牌如汰渍、可口可乐等通过广告、包装设计、商场摆放位置、价格战略以及其他商业上的努力打造了几十年品牌效应，耗资数十亿美元。但是当消费者购物习惯从线下迁移到线上时，产品的设计和感官便变得无足轻重了。电商里没有供商品精心展示的陈列架，更不用说视觉营销了。

语音功能进一步打击了耗资数十亿、经营数代而建立起来的品牌优势。消费者通过亚历克萨语音购物时，看不到包装设计也不了解商品价格，就更不可能把该品牌列入购物清单。越来越少的人购物时会搜索品牌名称，亚马逊会提供有限的几种品牌供消费者做价格对比。浏览一下

确定有"最喜爱的品牌"的富人比例

☐ 2007/8 ▨ 2014/15

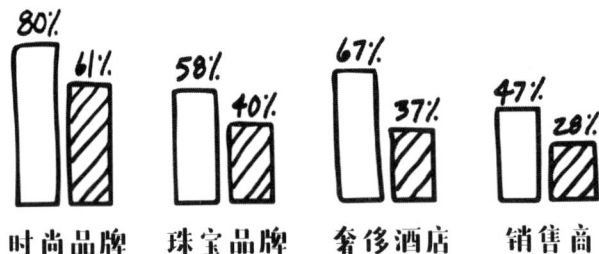

	时尚品牌	珠宝品牌	奢侈酒店	销售商
2007/8	80%	58%	67%	47%
2014/15	61%	40%	37%	28%

信息来自：以上数据来自时代公司/舆观第十年度财富调查 2015年4月

亚马逊搜索查询界面，你会发现，品牌终将终结于亚马逊之手，尤其是其旗下的亚历克萨。

在 L2 公司时笔者曾做过一些测试（对着亚历克萨大喊大叫），以深入了解亚马逊的策略。我们发现亚马逊确实是想利用亚历克萨来推动公司商业发展。比如当使用语音购物时，很多商品的价格会比点击下单优惠。且当询问一些关键商品类别如电池时，虽然 amazon.com 网站上明显有其他品牌的电池，亚历克萨将推荐亚马逊自有品牌（Amazon Basics）而对其他选项装聋作哑（"抱歉，我只找到这些！"）。如今亚马逊自营品牌占亚马逊线上电池销售额的三分之一。

零售商经常利用其影响力以及消费者的信赖排挤其他品牌，为公司自有品牌发展铺路。这并不新鲜，令人惊奇的是亚马逊在这方面竟然如此娴熟。靠着贪婪的投资者输送的无穷资本，亚马逊已经向品牌商发起了冲锋。战争目的：压榨品牌商的利润回馈给消费者。

品牌终结者有其名，曰：亚历克萨。

灭世者：亚马逊

笔者曾于最近一次会议上在贝佐斯先生之后发言。如同电影《第六感》中能看见幽灵的小男孩，贝佐斯比绝大多数首席执行官更能预见商业未来。当被问及工作机会的减少以及这一情况对社会的影响时，贝佐斯再一次建议：应该考虑采用普遍的最低收入标准。或者，他补充道：采用一种负向税制度，即每一位公民均可以获得足以支撑其生活在贫困线之上的薪酬。与会者奉承道："贝佐斯真伟大，如此关注底层人民的生活。"

先别急着赞扬，有没有注意到有关亚马逊仓库内部的照片很少？

为什么关注这点？因为亚马逊仓库的内部设施会令人心烦不安。是工作环境危险吗？不是。那是像《纽约时报》一篇文章中报道的那样虐待员工吗？也不是。让人恐慌的恰恰是没有虐待员工，更具体来说，那里根本没有员工。贝佐斯提倡美国采取最低保障薪酬支付制度是因为他预见了商业未来。至少在他看来，人类将不用再工作。智能机器在越来越多的领域内慢慢取代人类，甚至一些时候它们比人类表现得更好。且不发牢骚，任劳任怨。

亚马逊从不公开谈及机器人。其作为该公司的核心竞争力，很可能会成为深夜主持人的谈资，以及虚张声势的政治候选人的议论素材。2012 年，亚马逊以 7.75 亿美元悄悄收购了行业领先的仓库机器人公司——吉娃智能（Kiva Systems）。在《星球大战》中，欧比旺·克诺比在帝国军队将死星转到奥德兰并摧毁时，感觉到了一种戏剧性的心理变化。同理，企业家创造就业机会吗？不，大多数企业家，尤其在科技领域，利用网络以及智能系统高效的处理能力在摧毁就业机会。

在整个零售业增长基本持平的 2016 年，亚马逊总收入提高了 290 亿美元。梅西百货是零售行业生产力的代表，比绝大多数零售商效益要高。但如果同样要创造 100 万美元的销售额，亚马逊需要雇用的员工比梅西百货少太多。今年亚马逊将会导致零售行业失去 76000 个工作机会，这绝不是虚言。想象一下接下来的场景，在万达广场遍布的商户、收银员、销售助理、电商经理、保安等面前，突然告知他们：承蒙亚马逊好意，这里已经不需要他们服务了。

在这方面亚马逊并非唯一：四巨头均精兵简将，产生的社会价值越来越大，同时也进一步摧毁了工作机会。

笔者对贝佐斯的第一印象是：不同于其他首席执行官，其发言中都未引用艾茵·兰德的名言。可细细回想，我意识到其言语的可怕之处，或者让人无可奈何。这位对世界最大的行业（消费品零售）有着最深刻的洞察力以及影响力的人得出的结论是：社会经济不可能如同过去，能创造足够的工作岗位来弥补那些在社会发展进程中被淘汰的工作岗位。或许社会已经开始放弃整个中产阶级群体了。思考一下："我的孩子会拥有比我更好的生活吗？"

全球战略

在通往万亿美元级别市值的进程中，亚马逊必定会在零售业产业链的其他环节扩张，意味着将会有更多的公司被收购。近日该公司宣布将租赁 20 架波音 757 飞机并购置大量拖拉机挂车，正式进军航运领域。在过去的 18 个月里，亚马逊股价增长了一倍。而其竞争对手（包括梅西百货和家乐福超市）市值缩水近半。通过持续收购，亚马逊实现了快速扩张并迫使之前不愿与其合作的品牌商与之签订城下之盟。被合并的全食现充当着亚马逊的门店兼智能仓库，由此亚马逊在便利店领域占有一席之地。

亚马逊 4340 亿美元的市值（截至 2016 年）使得其就算以溢价 50% 的价格收购梅西百货（市值 80 亿美元）和家乐福超市（市值 160 亿美元）的股票，其股东权益也只稀释 8%。不要期待美国司法部会采取措施，他们乐于让一家更具竞争力的美国企业崛起。而梅西百货和家乐福超市的股东们更可能会乐享其成。

甚至更简单，亚马逊继续完善其便利店无人收银技术，然后通过媒体大肆渲染，其市值就能增长 10 亿美元。这样的操作或其他类似的运作很容易成为现实，市场倾向于亚马逊且愿意为其买单。当今时代投资者最关注的最会讲故事的人，不是大导演史蒂文·斯皮尔伯格，而是贝佐斯先生。

客观来说，贝佐斯正在实现他统治全球零售业的愿景。之后他会建立强大的基础设施让大多数零售商为之付费。2017 年欧洲零售业增长将达到 1.6%。2018 年将达到 1.2%。而亚马逊是欧洲最大的在线零售商，2015 年的销售额为 210 亿欧元，远超同行。营业额分别是奥托集团和特斯科的 3 倍和 5 倍。

真正的行业颠覆将随着亚马逊开始在全球布局线下店而拉开序幕，正如该公司在印度规划的那样。消费者可能喜欢线上购物的便捷——品种多样，价格优惠，但最直接影响到他们的还是线下店。人们更愿意在购物时能直接感受到商品，这也是采摘者的本能。人类的本能是在收集食物中发展而来的，所以消费者尤其希望在食品便利店领域能直接感触到商品。而该领域市场成熟，也容易颠覆，我们将见证亚马逊运用其高新技术改变便利店的仓储、收银、物流等等，创造一个新的运营模式。全食曾因股价偏高而饱受争议，甚至在被收购之前，其股价一度回落。这对亚马逊而言不算什么问题。460 家全食店会成为亚马逊的供应链——亚马逊新鲜产品的配送及其他业务的中转中心。全食商店也可能成为其线上订单的退货地点而大幅降低成本。亚马逊试图使其商品在 1 小时内能直达客户，而全食就是该战略的关键。

在美国，人们习惯在邮局收取货物或者去加油站加油。亚马逊当前正在硅谷打造如同前者一样便捷的"点击下单"商店。这正是行业颠覆的前兆。

所有你需要的商品亚马逊都提供，且能在 1 小时内直达全球最富裕的家庭。打造支持该服务的基础设施价格高昂，没有任何一家零售商有如亚马逊那般的规模、信誉、廉价资本以及智能机器人与之竞争。所以每一家零售商都需要向该公司支付一定费用以获取使用权。如今亚马逊会员能享受到各种娱乐服务，包括电影、音乐、NFL游戏直播等。笔者猜测亚马逊买下《男子大学篮球锦标赛》（*March Madness*）以及《超级碗》（*Super Bowl*）的版权，就是为了吸引更多的消费者开通其会员服务。该公司这一目的达到了。

万亿美元市场的征程

随着产品及服务全套配备完成，如今亚马逊涉及"零点击"购物的各个环节——人工智能（AI）、消费历史纪录、离45%的美国家庭20公里内的仓库、数百万处供应点、语音系统、全球最大的云数据储存服务器、460家实体店（不久就会扩张至上千家）以及最受消费者欢迎的品牌。

这意味着亚马逊会是第一个突破万亿美元市值的企业。

或许你会问：为什么不是苹果或者优步？2008年以来，这两家企业比任何国企或私企为其股东带来的投资回报都要多。其良好业绩的关键分别在于iPhone系列产品的成功和GPS订单行程追溯的技术实现——是因为这不同于亚马逊的战略吗？

不对，二者成功的秘诀并没有那么神奇：优步让出行更加便捷，而苹果打通了线下店渠道。优步的成功不是因为GPS跟踪技术的实现，而是出行支付的方便。这种革新使得上述两家企业能与亚马逊同台竞争——而亚马逊比二者更了解游戏规则。

正如贝佐斯在给股东的一封公开信中写的那样"亚马逊已经研究机器学习的实践应用多年了"。到底多少年？如果亚马逊测试一个人工智能类产品——预期你所有零售需求——基于你反馈到语音系统的信息（亚历克萨，我不要防晒霜了，现在需要洗发水），自动将信息发送并校准到云服务平台，结果会发现家庭在亚马逊上的消费逐渐增加。因此该公司的股票将违背重力定律一路高升，最终到现在股价的 3 倍，公司市值达万亿美元。脸书和谷歌有强大的媒体，苹果拥有优秀的手机产品，而亚马逊将在整个零售生态系统呼风唤雨！

末路

零售业是一个远大于媒体、电信等行业的市场。一将功成万骨枯，亚马逊的成功意味着绝大多数人的末路——不仅是个人企业，整个行业各方面都会受到波及。

食品杂货店

很明显，食品杂货店注定是其中一员。狂风暴雨就在前方。这个消费细分领域最大的市场（8000 亿美元）少有创新。糟糕的照明设计，压抑的工作环境，令人沮丧的购物体验——一条条通道搜索才能发现想要

美国产业价值

$24万亿
零售

$1.4万亿
电信

$602亿
媒体

信息来自：
法尔范·芭芭拉．"2016 年美国零售行业概况。"The Balance.
"2011 年至 2020 年美国娱乐和媒体的市场价值（单位：十亿美元）。"Statista.
"电信业务统计分析，工商统计。"普伦基特研究

的巧克力酸奶。相反，亚马逊为其提供了一种在线购物解决方案——亚马逊生鲜（Amazon Fresh），另外还开设线下无人便利店。2017年6月，亚马逊因收购全食而拥有了460家便利店。虽然目前亚马逊和全食只占食品杂货领域市场份额的3.5%，但是其高端线下店以及高科技物流解决方案预示着该领域将出现巨大的变革。就在其宣布收购全食的当天，克罗格公司股票下跌9.24%，另一家有机食品分发商联合天然食品公司（United Natural Foods）的股票下跌11%，塔吉特下跌8%。亚马逊将会吞噬更多的市场份额。

餐饮业也不能幸免，因为随着闪电般快速送货的实现，在家做饭会更方便。并且快递、跑腿等行业亦会遭受重创，如同即刻达公司（英文名Instacart，一家替人跑腿办事的平台）发言人说的那样：随着全食并购完成，亚马逊正向美国所有的商超宣战。

沃尔玛

谁会遭到最沉重的打击？显而易见是沃尔玛。沃尔玛在线电商很难突破西雅图市场：那里劳动力价格低廉，缺少技术人才完善其"多渠道"设施配套。许多顾客甚至都没有智能手机或没能开通宽带服务。一个是20世纪的首富，掌管着一群领取最低薪资的员工；一个是21世纪的首富，掌握着零薪酬的智能机器人，谁胜谁负，一眼便知。

就在亚马逊收购全食的同一天，沃尔玛收购了Bonobos公司（Bonobos）。Bonobos公司是一家拥有实体店的男装电商，拥有领先的多渠道模式——在网站上为消费者量身定制好衣服，再将其邮寄过去。如同收购杰特公司的初衷一样，沃尔玛希望从规模较小的零售商那里获取商业新模式以及创新精神，以此同亚马逊展开竞争。但也正鉴于其规模，Bonobos公司不可能为其带去多大改变。

沃尔玛是美国最大的食品杂货零售商，全食被购是其与亚马逊在该领域战斗升级的主要因素。沃尔玛拥有着 10 倍于全食的便利店，但由于亚马逊拥有更加便捷的物流体系，最终沃尔玛很可能会完败。

面临亚马逊侵袭的谷歌

谷歌，相对而言，正逐步败给亚马逊。作为谷歌最大的广告商，比谷歌更能充分利用搜索工具。不是说谷歌不够优秀，而是在万亿美元市场的争夺中亚马逊更有可能获胜。产品搜索领域是个暴利行业，因为投放在上面的广告可能最终会促使产品成交，广告商通常会给出丰厚的报价。随着人们开始在亚马逊上搜索，某一天或许其搜索引擎市值能与谷歌抗衡。但最终真正受创的是传统零售商，他们唯一的增长点——线上业务，将在亚马逊手中终结。每年谷歌和品牌商都在丢失产品搜索的市场份额，在 2015 年到 2016 年间，仅品牌商的市场份额丢失就从 6% 上升到 12%。传统思维是：消费者在品牌网站搜索产品，然后在亚马逊上购买。实际上，55% 的产品搜索首先是在亚马逊平台上进行的，而谷歌类的搜索引擎只占 28%。这种转变使得谷歌和零售商的影响力和利润被转移至亚马逊。

其他不具名者

笔者曾是很普通的孩子，学习成绩一般，测试也不优秀。高中时代，在加利福尼亚的西木公司（Westwood，美国著名游戏软件公司）兼职装箱工，4 美元 / 小时。

在加州大学洛杉矶分校读大一期间，我在维森特食品公司找到一份工作。不再是装箱工，作为联合食品和商业工人国际工会中的一员，当时时薪 13 美元，足够支付每年 1350 美元的学费，甚至还有些盈余。维森特食品公司现在仍在营业，看来该公司并没有因为以溢价 200% 的薪资标准支付而倒闭。

在 1984 年，顶级大学的普通学生通过兼职来赚取学费是很普遍的事情。然而今时不同往日，现在的年轻人处境越来越不妙。亚马逊是其中一个因素，更重要的是那些我们崇拜的创新者使得社会越来越倾向于需要高层次人才。

最终食品杂货店不会消亡，装箱工也会继续存在，只是数量会越来越少。同零售业其他商店一样，食品杂货店会转变成另一种运营模式，引入智能机器人、廉价资本、软件、语音系统等。借助这种模式，消费者可以连接到 90% 的商店，而价格只有现在的 60%。雇员会越来越专业化，以此更好地服务于富裕家庭。这就是当前的零售生态系统环境。有多少工作很可能会被更高效、更有成本效益的机器人所取代？只有亚马逊知道。

美国零售业员工
2015

3.4万
收银员

2.8万
销售员

1.2万
仓库管理人员

信息来自："销售业。" DATAUSA.

整个零售业及其雇员都面临绝境吗？

短期来看并没有。有一股创新零售商的武装力量正反抗亚马逊帝国：丝芙兰、家得宝、百思买集团等。它们专注人力培养以对抗亚马逊的剧变——身着蓝衬衫金色围裙的漂亮美女导购，同时在技术上加以创新。消费者去商店可能并不是为了购买产品（线上很方便），他们是为了看人。

亚马逊和这股反抗力量谁会是最终的胜利者？或者它们之间会逐渐磨合而形成一种平衡吗？答案不仅将决定上千家企业的命运，同时也会决定数百万工人和家庭的命运。现在能确定的是，我们需要的是能够规划商业未来并能给社会带来更多就业机会的商业领袖，而不是需要政府投资并给予税收优惠的亿万富豪。贝佐斯就是后者，最终人们无事可干，只能枯坐沙发追着网剧。

THE FOUR

Chapter
3

第三章

苹果

2015 年 12 月，在加利福尼亚州圣博娜迪诺市，一位 28 岁的卫生检查员和妻子参加假期聚会。他们把六个月大的女儿放在奶奶那里照看。聚会上，他们戴上面具，用两支改装的 AR-15 步枪向民众扫射，共发射子弹 75 枚，造成 14 人死亡，21 人严重受伤。案发 4 小时后袭击者在和警察的枪战中被击毙。联邦调查局（FBI）现场收缴了案犯赛义德·里兹万·法鲁克的 iPhone 5c，随后向联邦法院请求并最终获得法令要求苹果公司提供相应的软件应用解锁该手机，但苹果并没有遵从。

该案件发生一周后，笔者曾两次参加彭博电视台评论此事。令人意想不到的是，我认为苹果应该遵守国家法令，为此我总是收到恐吓信，不胜其烦。

暂且不论在苹果公司对用户隐私的保护上人们立场如何。换个思路想想：如果袭击者恰巧用的是黑莓手机，公众还会像对待苹果公司一样容忍该企业吗？肯定不会。如果联邦调查局获批的是要求黑莓公司解锁手机的法令，这家总部位于加拿大滑铁卢的企业肯定惶恐之至。笔者猜测若该企业未能在 48 小时内成功解锁该手机，许多国会议员肯定会要求对其实施贸易禁运措施。

在苹果这一事件上，皮尤研究中心（Pew Research Center）针对公众做了一项调查，虽然支持者与反对者数量不相上下，但年龄层上存在巨大的偏差。总体来说，年轻的民主派人士更支持苹果，而老旧的共和派人士更倾向于政府。前者是为了扩大政府的权力，后者是为了保护大企业的利益。但如同其他三巨头一样，苹果完全不按规矩出牌。（译者注：皮尤研究中心是美国的一家独立民调机构，总部设于华盛顿特区。该中心对那些影响美国乃至世界的问题、态度与潮流提供信息资料。）

换句话说，任何在消费领域有影响力的人都支持苹果。在麻省理工学院工程专业的毕业生和哈佛大学的肄业生的领导下，美国青年民主党（拥有大学学位的千禧一代）不仅继承了这个星球，还征服了世界。收入持续上涨、不理性的消费以及在科技上的专长使得该群体在商业上的影响力越来越大。他们之所以同苹果站在同一阵营，是因为该公司体现了特立独行、反体制性以及进步的思想。但是忽视了乔布斯根本是个糟糕的人——从未做过任何慈善，且只雇用中年白人。

对他们来说，只要苹果的产品酷炫就行。而且该公司还是行业中的创新者呢！因此，当联邦政府决心迫使苹果公司改善其商业行为时，大批追随者跳出来为其辩护。然而笔者并不是其中一员。

双重标准

笔者曾试图不在意别人的看法，但是当收到同事们，尤其是拥有常春藤盟校学位的千禧一代的不失礼节的恶意信件时（比单纯的咒骂更伤人），我由衷地感到恼火。

他们的恶意来自我对苹果公司在用户隐私上面做法的看法。具体来说是在该问题上我没有站在"正确"的立场上，他们认为笔者不赞成保护个人隐私。但他们并没有意识到，他们更多是站在苹果的立场而不是为隐私在辩护。他们和苹果公司的论点如下：

1. 如果苹果公司开发出新的 iOS 系统以支持联邦调查局解锁该手机，用户数据将更容易被窃取，最终很可能落入非法分子的手中。

2. 政府不能强制企业对公民私人信息进行监视。

笔者对上述第一点的回应是：如果苹果可以开发出端口程序获取用户信息，该端口被不法分子利用的概率微乎其微。苹果公司声称预计需要组织 6 至 10 名工程师研发长达一个月才能解锁，难道这是在实施曼哈顿计划吗？其坚称最后会落入不法分子手中以致造成重大的灾难，可这里要研究的不是未来战警的芯片，不会导致人类文明的灭亡。联邦调查局甚至同意在苹果园区实施该操作以确保该项软件不会成为一项可以在 www.fbi.gov（联邦调查局网站）下载的 App 应用。再者，联邦调查局并不是潜伏在大街小巷中且双手放在扳机上的潜伏者。

第二个论点稍微站得住脚，即商业公司没有义务为政府对抗违背国家意志的组织机构。但这是否意味着福特公司可以生产一种联邦调查局不能打开的车门锁，而当车中坐着的是接近窒息的受害者时，当局不能要求福特提供帮助呢？

法官们每天都在签发搜查令，但都遵从相应的法案而不是胡乱搜查。通过搜查房屋、汽车、电脑收集证据信息来破案或者防止犯罪。但是，在一定程度上，公众认为苹果手机是神圣不可侵犯的，没有义务遵循商业准则。

神圣与世俗

如果一种物件的使用是为了达到某种精神层面的目的，它通常被认为是神圣的，如同迷信上帝一样。史蒂夫·乔布斯成为创新经济社会的耶稣，这种疯狂崇拜的根源来自其辉煌的 iPhone 手机系列产品，它超越了任何其他科技创新。

因此，由于公众对 iPhone 的过于痴迷，我们在这个过程中为苹果公司的极端主义大开方便之门。虽然这不至于让公众生命安全受到威胁，苹果公司的员工并不是暴力狂，但这种世俗崇拜对社会发展是非常不利的。当一家企业不再受制于法律和相关部门管控时，现成的法律规范对其他公司来说便有失公允。这种双重标准造就了一个赢者通吃的市场环境，并进一步加深了商业不平等。简单来说，乔布斯时代的苹果公司逃脱了一系列的惩罚，他本人也在股票期权操作上获利不少，但这一切如果发生在其他企业的首席执行官身上，结果肯定大相径庭。在一定程度上，政府和公众似乎认为苹果不需受限于法律，这种状态一直持续到乔布斯去世。

公众对于苹果公司的宽容是否值当？笔者也不能确定。在 21 世纪的前 10 年，随着乔布斯回归苹果，该公司开创了商业史上一系列伟大的创新。那段时间里，苹果公司推出了一个又一个价值千亿美元的新产品或服务——iPod、iTunes/Apple Store、iPhone 以及 iPad 等等一系列产品。在这之前没有任何企业有如此成就。

那段时间，如果把消费行业比作巧克力工厂，那么乔布斯就是威廉·旺卡。在每年冬季一年一度的全球开发者大会上，乔布斯站在舞台中央，更新发布一个又一个新产品——随后开始离开舞台，走几步后停下来，转身，然后说"还有个新产品忘说了"。曾经一个相对来说规模较小的消费者交流会变成了大型苹果产品发布会。全球范围内的股票市场投资人屏气凝神；圣弗朗西斯科莫斯康展览中心外的新闻记者们黎明时分就开始为接下来几小时的发布会预热；而坐在电视机前的竞争者们眉头紧蹙，不确定会受到什么样的打击。

如今很难想象当时的苹果让世界震惊到何种程度。2001年美国遭受了双重打击——"9·11"事件和互联网泡沫，人民心情低落。年末iPod的推出就如同肯迪尼遇刺数月后披头士乐队出现在苏利文一样，给忧郁中的民众带去了光明、希望和积极的心态。随后，乔布斯为了使苹果利益达到最大化，利用好莱坞影响力使民众激烈抵制纳普斯特（Napster）公司提供的盗版音频下载服务，不然其将威胁到整个音乐产业。这为传世杰作iPhone的发布奠定了基础，世界范围内的果粉在各线下店争相抢购。之后苹果又推出了卓越的iPad。苹果公司的成功一定程度上要归功于无名英雄——纳普斯特公司的创始人肖恩·范宁，其对音乐产业的威胁最终使得该产业投入苹果的怀抱。最后肖恩·范宁无奈与苹果达成合作，但这无异于与虎谋皮。

假设乔布斯战胜了病魔，苹果公司会在今后10年间保持曾经的荣耀吗？或许吧。尽管他有许多缺陷，但不可否认其创造的奇迹：在约翰·斯卡利（John Scculley）领导下的苹果困难重重，是他的回归让苹果成为真正意义上的企业——可以说是有史以来最大的一家风险偏好型公司。不像其他世界500强企业的首席执行官，乔布斯不是个谨小慎微的人，历史验证了他的明智。不像英特尔的鲍勃·诺伊斯或惠普的大卫·帕卡，乔布斯是第一位创业并领导其公司成为全球市值最高公司的人。在当时看来，苹果商店、触摸屏幕以及MP3再次流行的成功都如此不可思议。

乔布斯为苹果带去辉煌的同时，其在公司内部也是位破坏者——欺凌员工、内心狭隘、狂妄自大、变化无常，使得公司总是处在一种混乱的边缘之中。他的离去致使苹果创新力不再，但也同时使得公司在库克的领导下运营逐渐规范起来。其结果在资产负债表上可见一斑：如果利润是企业成功的标志，那么 2015 财年是苹果公司创立以来的巅峰之年，总收益达 534 亿美元。

若非苹果公司是《财富》500 强科技宠儿，国会肯定会实施税收改革。大多数政治家如同世界上其他特权阶层一样，拿出口袋中的 iPhone 时，总会感到一阵莫名的兴奋。毋庸置疑，苹果的确是最受欢迎的产品。

无限完美的追求

苹果公司总是能从别处寻找灵感（或者说窃取商业构想）。给公司当前战略带来启发的是奢侈品行业，苹果决定生产稀缺性产品以获取超乎寻常的巨额利润。而这几乎不可能被新的高科技硬件品牌模仿。截至 2016 年，该公司智能手机市场占有率仅为 14.5%，其利润却占比高达 79%。

乔布斯非常精通其中的门道。在 1977 年于圣弗朗西斯科举行的西方计算机会议期间，与会者走进布鲁克斯大厅时表现各不相同：当所有电脑公司人员都在积极展示可拆卸的主板或丑陋的金属机箱时，乔布斯和沃兹静静地坐在外观优雅的苹果二代电脑后面。苹果电脑不仅设计美观，更重要的是，在行业人士看来，苹果是一种奢侈品。

崇尚奢侈不仅仅是外在的表现，其深深烙印在人类的基因里。人类会本能地追求超越现有条件的无尽完美以吸引更多的异性。数千年来，我们跪在教堂、清真寺和其他宗教的寺庙里，环顾四周想："人类不可能创造出赖姆斯／圣索菲亚／万神殿／卡纳克。没有神灵启智，凡人不可能创造如此美妙的声音、优雅的艺术、宏伟的建筑以及神奇的炼金术。这里的音乐多么令人陶醉，那些雕像、壁画、大理石墙如此庄严。

智能手机全球市场份额 VS. 利润
2016

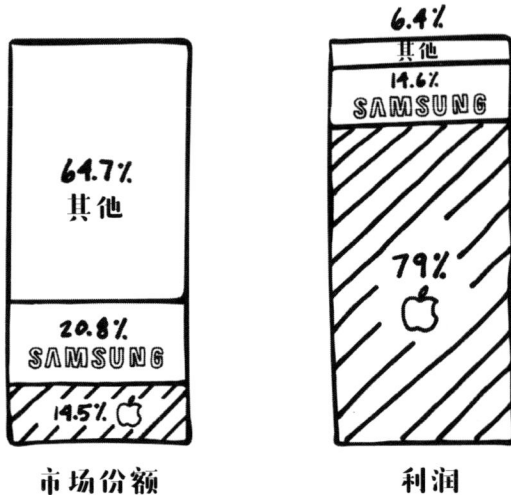

信息来自: 苏姆拉·侯赛因. "苹果公司在 2016 年占全球智能手机利润的 79%。" MacRumors.

我一定被带出了世俗界，来到了神灵起居地。"

有史以来，普罗大众没有享受奢侈品的机会，因此他们前往教堂观赏镶嵌在柱子上的珠宝、闪闪发亮的吊灯以及世上最优雅的艺术品，把工匠的结合美学艺术联想成上帝的杰作。这便是奢侈品的起源。由于工业革命造就了社会的全面繁荣，上述奢侈品在 20 世纪已经飞入数亿乃至几十亿寻常百姓家。

18 世纪时，法国贵族每年消耗在假发、水粉、着装上的费用占国家 GDP 的 3%。华丽的服装突出了他们的地位，激发了仆从的尊敬及顺从感。数世纪以来，天主教会就知晓宏伟建筑物（商店）中蕴含的力量，所以其打造了一个屹立于战争与谣言之中不倒的品牌。曾经绝代艳后玛丽·安托瓦内特的美妆用品也风靡一时。如今，勒布朗·詹姆斯开始戴上魔声耳机。人类对潮流的追求从未改变。

其中的缘由在于自然选择——以及由此产生的羡慕嫉妒恨。权贵富豪更有机会获得豪宅、美食以及美女。许多生活在美好事物当中的人声称他们并非在追求伴侣，而是单纯地欣赏。在一定程度上的确是这样。提着宝缇嘉的包装袋或者开着一辆保时捷 911 上坡会让人很享受。背靠奢侈品的光环，倾听着周围人对你的恭维。

就算是以龟速驾驶保时捷你都会认为自己充满吸引力——而且更可能会有艳遇。由于生育更多的后代是男人的本能，所以他们渴望拥有劳力士、兰博基尼或者苹果以吸引更多的异性。在这一点上，他们从不在意价格。

在理性层面上奢侈品并无多大价值。只是人类无法摆脱对完美的追求或对生育的欲望。购买奢侈品本身就是追求一种体验感。在一辆卡车外购买钻石项链，即使是真的，购物体验也绝对比不上在一家装饰高端的实体店买。那里衣着光鲜的售货员在灿烂的灯光下展示着钻石，并用柔和的语调向你介绍。奢侈品如同鸟类漂亮的羽毛，的确很性感，但实用性不强。但是这种对性感的追求会压制消费者头脑中的理性思维——例如，你根本负担不起，或者这东西并没有实际价值。

奢侈品行业同样创造了巨大的财富。超越现状的完美追求和性需要在商业史上碰撞出了空前的财富火花。不算财富继承者和金融从业者，这个星球富有的前 400 人中绝大多数来自奢侈品行业，超越零售业和科技界以及其他任何行业。以下是欧洲前十大富豪来源的企业（没人关心富豪是谁，人们更关注的是他们的企业本身）：

飒拉

欧莱雅

海恩斯莫里斯（H&M）

路易威登集团

能多益（Nutella）

阿尔迪（Aldi）

利德尔（Lidl）

乔氏超市（Trader Joe's）

陆逊梯卡（Luxottica）

巴雷尔家居（Crate&Barrel）

苹果的奢侈品进程

没有任何科技企业能长盛不衰——都会逐渐边缘化。作为一个奢侈品品牌，苹果公司是第一家有机会维持数代繁荣的企业。

苹果成立之初并非一家奢侈品公司，只不过在一个电缆、极客软件、代码和低利润的硬件行业中稍微比同行表现要好点。

确切来说，苹果早期在电脑外观设计上优于其竞争者。乔布斯对于产品外观的设想吸引了小部分用户，真正让苹果获得大众认可的是史蒂夫·沃兹尼亚克的美学设计。但当时消费者对其产品主要还是停留在理性思维。许多早期苹果爱好者都是极客，这一群体很少会主动吸引异性。值得称颂的是，当苹果穿越豪华的奢侈品小镇时，有了更深一层的思考：为什么不在这一领域开疆拓土呢？

20 世纪 80 年代，该公司处境极其艰难。英特尔芯片以及微软 Windows 的出现使得计算机运行更快且价格低廉，消费者理性思维逐渐占据主导，感性的外观设计优势不再。当时 Word 和 Excel 成为世界范围内办公软件标配，而英特尔的电脑支持绝大多数游戏。苹果开始了转型之路，产品吸引力从理性思维（头脑）下沉到感性思维（心胸）最后到生育本能（下半身）——也正是如此，注定苹果市场占有率不会超过10%。（译者注：苹果开始了奢侈品转型，奢侈品行业占有率太高就不是奢侈品了而是大众产品。）

1984 年推出的苹果麦金托什（Macintosh）电脑，拥有优雅的图案设计和个性化的外观，大批用户为之心动（感性思维）。到那时，人们才发现电脑也可以对人类表现得如此友好。它甚至可以开口说话——产品介绍时其在屏幕上输入了著名的"你好"二字。

艺术家们可以在苹果电脑上表达自己的想法，进行艺术创造，最终改变世界。随后科技界出现了一项重大突破——台式印刷系统。而苹果电脑精准的图位显示技术非常适合 Adobe 软件的应用。

那时拥有一台苹果电脑，就像臭名昭著的"1984"广告中所体现的那样，强化了人们与众不同这一观念。结果，我和我初创公司的员工，20 年里在产品动力不足、价格过高的情况下苦苦挣扎，只是为了能够宣称我们的想法不同。美其名曰这是思维创新。

但那时苹果产品并没到满足人们追求性（生育本能）的要求。消费者只能把电脑摆放在办公室而不能随意带离。把潜在对象带去电脑室以此炫耀并不浪漫，也不切实际。

要成为真正意义上的奢侈品，电脑产品需要进一步缩小尺寸且更美观大气。这样才方便在各种公共或者私人场所向同辈展示你的成功。这一转变始于 iPod，它类似一块光滑的白色方块，且只有扑克牌那般大小，但却能把整个乐库存储其中。而其他公司的 MP3 产品，几乎都是令人尴尬的灰色或黑色。iPod 出现同样是技术上的奇迹，当时东芝的 MP3 内存不过 128M，而 iPod 将容量提升至 5GB。苹果公司成功地把音乐硬盘制造得如同宝石般，闪闪发亮。

最后，苹果将公司名称中的"电脑"二字去掉。因其意识到电脑属于过去，未来是在计算机支持下运行的移动产品的天下——可随身携带的电子产品或者可穿戴设备。这标志着苹果公司正式进入奢侈品领域。

2015 年苹果手表的公开亮相意味着公司产业链得到完善。产品介绍时其如同舞台上的超模克里斯蒂·特灵顿·伯恩斯般受万众瞩目。镜头中名人们免费客串为其站台。那么公司关于新品的 17 页介绍通过哪个渠道宣传呢？不是《计算机界》(*Computer World*)，也并非 Mac 电脑上展示过的《时代》杂志，而是《时尚》杂志。其上还有彼得·贝朗格代言的玫瑰金版本图片，售价 12000 美元。自此苹果向奢侈品领域转型成功并取得巨大成就。

稀缺性

稀缺性是苹果产品成功的核心关键。公司或许能销售数百万的 iPod、iPhone、iWatch 等等，但世上只有 1% 的人有这样的购买力。而这也正是苹果所期待的。2015 年第一季度，iPhone 在全球智能手机发售量中仅占 18.3%，但行业利润却高达 92%。这正是奢侈品的魅力所在。怎样优雅地向你的亲朋好友甚至陌生人表达你的背景、技能、传承属于世界前 1% 的人群？买一个苹果手机。

绘制一张手机操作系统的热度图，从中能发现财富分配的人口结构。曼哈顿几乎人手一台 iPhone，而住在新泽西州或者家庭收入急剧下降的布朗克斯人使用的基本是安卓手机。在洛杉矶，如果你住在马里布、贝弗利山庄、帕里塞德斯，你肯定有一部 iPhone，若是在中南区、奥克斯纳德或者内陆，那么你使用的就是安卓手机。iPhone 就是表明人们更接近完美且拥有更多生育机会的标志。

相较于其他企业，作家们更热衷研究苹果公司。但大多数人没有把其看作一家奢侈品企业。笔者有着超过 25 年的奢侈品品牌咨询工作经验，我认为这类公司，不管是保时捷还是普拉达，都有如下特性：标志性的创始人、工匠精神、垂直整合体系、国际市场开拓能力以及高溢价。下文将深入研究这些特性。

1. 标志性的创始人

没有任何一种方式能像把品牌人格化，尤其是代入其创始人的人格那样更好地表达公司利益诉求。首席执行官会离职，但是创始人始终都在。1835 年，14 岁的路易·威登先生徒步 250 公里远赴巴黎闯天下，奋力打拼，一步步成为行李箱专家。因技艺精湛，他曾为法国皇后和拿破仑三世的妻子欧热妮·德·蒙蒂霍服务。

威登就是标志性创始人的原型，这类企业家有着引人注目的跌宕起伏的人生和一门古老的手艺。这种手艺，也是工匠精神的基础，为其品牌注入了活力。他们基本上从手工阶层开始崛起，早间的经历（或悲惨或幸运）让其知晓人生需要做些什么：别无他路，创造美丽的事物。

人们很容易对这一行业的浮华和轻浮感到愤慨。然而当你驾驶一辆保时捷 911，涂着 Nars 光彩耀人的经典炫色腮红时，你会发现你的目光如炬且目标坚定。因此现代社会中艺术家比其他群体创造的财富更多并不为奇。正如香奈儿广告词所说：奢侈并不意味着贵重与装饰华丽，奢侈就是屏除粗俗。

为更深刻地理解乔布斯作为创新偶像的影响力，先以猫王为例。如果猫王在参军之前 20 多岁时就死在阳光工作室，世界将不会看到这位摇滚歌手在灯光璀璨的拉斯韦加斯的舞台上"摇滚"了。其逝世时年方四十，这何尝不是一种幸运。假设上天赐予其长寿，晚年猫王无非是在退休的邮轮上表演着老掉牙的艺术节目，而雅园也将是寻常的老年公寓（译者注：雅园为猫王故居，现被建成猫王博物馆）。死亡避免了社会对偶像琐碎生活的评判，从而将其奉为传奇——这正是品牌理想的宣传标志。想象一下如果老虎伍兹在逐渐变得平庸之前就被妻子撞死，其能为耐克带来多大的品牌效益。死亡可以说是少数几个去世的公众人物的优点之一——公众对偶像的印象始终停留在其全盛期间，不然伴随着衰老以及丑陋新闻，他们将声誉不再。当国父乔治·华盛顿摆脱命运的束缚，驾鹤西游时，开国元勋们终于开始松口气——伴随着这位伟人的辞世，他再没有破坏其声誉的机会了。

标志性的创始人在生活上是否荒诞并不重要，苹果公司验证了这点。虽然社会把乔布斯当作耶稣一样崇拜，但实际上乔布斯并不是一个好人。作为父亲他不尽责，当年在法庭他否认与女儿的血缘关系并拒绝提供抚养费。即使那时他知晓他们的关系并且身家上亿。另外，在苹果公司股权问题上其还曾向政府调查人员做伪证。

然而，当乔布斯于2011年去世时，全世界都在为之哀悼，成千上万的人在互联网上、苹果总部和世界各地的苹果商店张贴神龛。甚至在其高中母校，他的形象一再提升，从一个公司的标志性创始人变为传奇。这一转变也得益于乔布斯晚年表现的"苦行僧"表象。

自此，苹果品牌更加深入人心。教皇方济各曾说"金钱崇拜"是一种不健康的价值观，那对乔布斯的痴迷更加如此。传统观点认为乔布斯在宇宙世界留下了伟大的痕迹，在笔者看来，实际上他玷污了这个世界。带给世界以温暖的是会关心孩子生活起居并为儿女幸福殚精竭虑的父母，社会需要和谐的家庭而不是操蛋的iPhone。

2. 工匠精神

奢侈品成功的关键在于对专业细节细致入微的关注，来自超乎寻常的工艺技术，这种精湛的技艺如同九天飞女织梭般完美无瑕。廉价商品的消费者可能会难以想象，为什么要如此劳心费力地设计向内折叠的铰链，或者把帽子上每一根细线都打结，甚至你都看不见它。但对于高收入群体来说，与一件做工精湛的艺术品一起生活的体验是不可替代的。

苹果对于奢侈品的理解是大道至简。从 20 世纪 80 年代的白金色设计风格的电脑到如今的可以存储上千首音乐的 iPod，崇尚至简一直是苹果的追求。外观简单和易用性是苹果产品必备的要素，当消费者与手机互动时感到欢悦，其品牌忠诚度随之递增。iPod 按钮设计优雅且易用性强，iPhone 系列采用触屏技术——随心所欲地点击，PowerBook 外壳采用的是铝合金，轻薄、小巧且导热性好。这些都是高溢价产品且品牌独有。正如曾经的 iMac 广告词所说那样：苹果的核心技术是"惊人的简单，简单得惊人"。

这正是苹果公司能持续研发生产标志性产品的原因——"看似毫不费力的设计，如此简单却与使用本能内在一致，最终无一例外成为消费者的钟爱。"认知心理学表明具有吸引力的物体能使人感觉良好，反过来这种感觉使创造性更具活力。"有吸引力的物体往往性能更好，"苹果先进技术部门副总裁诺曼（1993—1998）曾说道，"给你的汽车冲洗干净打蜡，汽车开起来更快，是吧？至少你感觉是这样的。"

3. 垂直整合

20 世纪 80 年代初期，盖璞公司是一家平淡无奇的服装和录音带并肩销售的连锁店。除自有品牌外，店内还包含李维斯品牌和其他休闲服。时间到了 1983 年，新任总裁崔斯勒重新改造了店面设计：灯光柔和，桌面白净，迷人的音乐，更大的更衣室和装饰在通道里由著名摄影师拍摄的黑白艺术照。每家分店都按照崔斯勒预想的那样为消费者提供了更良好的购物体验环境。当时公司并不是在售卖奢侈品，崔斯勒只是单纯地想为消费者创造一个能与品牌零距离接触的环境。不可否认的是，他从奢侈品界获取了灵感。

很多人对崔斯勒的印象停留在"商业巨子"上，然而其对商业的影响远不止于此。崔斯勒意识到，电视媒体虽然可以作为品牌宣传的渠道，但是实体店却能使公司业务拓展更深。其为消费者提供了一个可以直接了解接触品牌的场所。崔斯勒决心把实体店打造成创造品牌价值的核心。所以当盖璞的主要竞争对手李维斯继续在最佳电视广告上投入时，崔斯勒打造了具有最佳体验环境的门店。

结果显而易见，在 1997 年到 2005 年间，盖璞公司收益从 65 亿美元增长至 160 亿美元。而这期间李维斯公司收益从 69 亿美元下降至 41 亿美元。品牌建设的战场从电视媒体转移到实体店，李维斯一败涂地。如果李维斯能像苹果公司那样成功，笔者认为世界会更加美好。正如人们对企业家期盼的那样，哈斯家族（李维斯品牌的拥有者）谦虚、有担当且慷慨。

在乔布斯回归苹果后不久，其将崔斯勒引入公司董事会——两年后，苹果在弗吉尼亚州的泰森角开设了第一家实体店。苹果实体店设计得比盖璞店更加光鲜亮丽。但当时绝大多数零售专家哈欠连天，他们认为实体店已经过时，互联网才是未来。好像乔布斯和其他所有人一样，并没有看清现实。

往事不可追。但当时苹果公司采取如上举措时，绝大多数人并不看好，认为那是错误的决策。在他们看来："苹果公司正在走向边缘，通过开设高端店面把公司塑造成奢侈品如同痴人说梦。这一措施愚蠢至

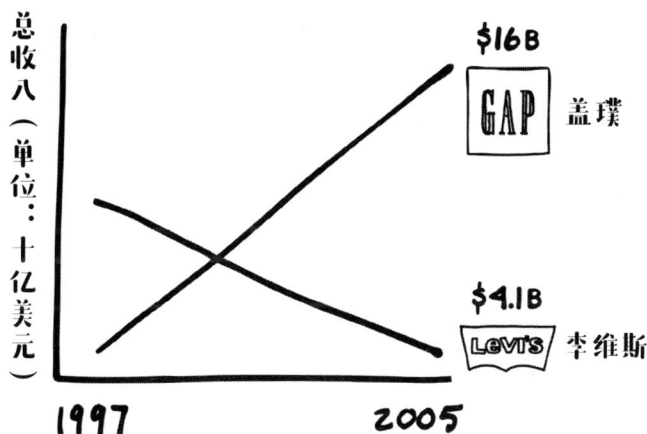

信息来自：

盖璞公司 10–K 表格，截止 1998 年 1 月 31 日（整理于 1998 年 3 月 13 日），来自盖璞官网。

盖璞公司 10–K 表格，截止 1998 年 1 月 31 日（整理于 2006 年 3 月 28 日），来自盖璞官网。

"Levi Strauss & Co. 公司简介和案例材料。" Clean ClothesCampaign.

Levi Strauss & Co. 公司 10–K 表格，截止 2005 年 11 月 27 日（整理于 2006 年 2 月 14 日），来自李维斯官网。

极，难道苹果公司不明白科技市场正围绕着微软和英特尔运转吗？未来的增长在电子商务方面。"

当时公司首席财务官约瑟夫·格拉齐亚诺示意这将为企业带来灾难，甚至告诉《商业周刊》"乔布斯坚持要成为一个在奶酪和饼干的世界里供应鱼子酱的人"。

当然，最终这些实体店改变了科技产业——并将苹果提升为一家奢侈品公司。iPhone 的确为苹果带来了市场份额，但是实体店塑造了苹果的品牌形象，随之带来了利润。沿着这条康庄大道，你还会看到威登、卡地亚、爱马仕，当然还有苹果。

一只价值 26000 美元的卡地亚·巴隆·布鲁手表或一件价值 5000 美元的绒面巴宝莉风衣在梅西百货的货架上失去光泽。但是品牌商自有的实体商店却成了品牌守护者。苹果商店每平方英尺（1平方英尺=0.09290304平方米）销售额为5000美元，紧随其后的是一家连锁便利店，其销售额只有苹果的一半。事实证明，定义了苹果公司成功的不是iPhone，而是苹果商店。

4. 国际市场

上层人士的品位大致一样。笔者最近出席了摩根大通另类投资峰会，作为公司首席执行官，杰米·戴蒙接待了其最重要的300位私营银行客户，合作基金的创始人和首席执行官们各50位。这400人和那些上帝的宠儿（富二代）可以说在世界范围内叱咤风云，呼风唤雨。他们来自世界各地，文化传承各不相同，外在表现却一般无二。比如语言表达方式几乎一致；子女清一色在常春藤学校就读；热衷在圣巴特岛、法国以及意大利海岸度假；爱马仕、卡地亚以及劳力士等品牌作为首饰标配。但如果换作来自世界各地的中产阶级人士聚集一堂，场面就不一样了。你会发现他们不仅口味不同，着装也各有偏好，甚至互相不能很好地交流沟通。如果在音乐上把中产阶级比作多样性的下里巴人，那顶级精英群体就是一致的阳春白雪！

这种一致性说明了为什么奢侈品品牌要比大众产品更容易跨越地域界限。在公司进行市场扩张时，大众产品零售商如沃尔玛和家乐福往往需要雇用了解当地民族风俗的人员来做指导，而对包括苹果在内的奢侈品品牌商来说他们自己定义市场。其标志性品牌的一致性是通过店面的关键设计风格来实现的：由玻璃构造的透明的世界、广阔的空间、精致的内饰且不设仓库（产品往往制造出来就能售出）。其遍布18个国家专属购物区的492家专卖店每天接待超过100万苹果粉丝。而神奇王国2015年全年的游客才2050万。

苹果公司同时拥有全球供应链系统。来自中国的零部件、日本的屏幕、美国的芯片汇总到承包商（如富士康）庞大的制造工厂组装，随后成品被运往世界各地的人口聚集中心（此处值得注意的是中国），最后产品在线上线下的苹果专卖店上架。而这些产品售卖所得的数十亿美元收益迂回辗转最终汇入包括爱尔兰在内的避税天堂。其结果是以低成本造就的产品产生了巨大的财富收益和利润。苹果公司是历史上利润最高的企业之一，而美国税率对其影响却微乎其微。

5. 高溢价

高昂的价格通常意味着产品的质量和独特性。看下你们的网页浏览记录，是不是会被更昂贵的商品吸引？即使在易贝（eBay）上，你是否出于好奇而按照"最高价格"进行索引？需求价格弹性理论认为：如果一条爱马仕围巾售价 19.95 美元，那么绝大多数现有客户会对其失去兴趣。在定价方面，苹果当然跟爱马仕不同。该公司不可能以普通同行产品的 20 倍到 100 倍的价格来售卖其电脑或手机，但这并不影响苹果获取高溢价利润。一部 iPhone 7 手机在客户没有预订的情况下售价 749 美元，而相比之下一部 Blu R1 Plus 为 159 美元，就算是最新款的黑莓手机售价也仅为 549 美元。

在价格策略以及公司管理的所有其他方面（不包含合适的人力资源政策），乔布斯很好地借鉴了科技产品定价先驱——惠普公司的经验。事实上从苹果电脑问世之初，乔布斯就公开表达了其对惠普公司的钦佩之情并立志以其为榜样来塑造苹果。他最欣赏的是惠普公司致力于设计最优秀产品（极具创新和高品质）——尤其是核心产品计算机，然后从渴望购买这类产品的工程师那儿大赚一笔。二者不同之处在于：惠普是一家专业设备供应商，远远谈不上奢侈品行业。而苹果产品直接面对客户，使其可以利用产品优雅的设计和品牌效益获取暴利。

当被告知其购物消费并非出自理性时，一些苹果客户并不以为然。他们认为自己聪慧敏捷且成熟老练，因此会极力说服自己该决策的合理性。他们安慰自己："苹果手机比同类产品更加优秀，其软件拥有直观的用户界面，而且里面的 App 更加优雅炫酷；苹果笔记本性能更好，佩戴苹果手表每天能多走 3000 步。"最后他们告诉自己，苹果产品完全是物有所值。

上述情况并非虚言，事实上人们在购买宾利或者梅赛德斯轿车时也会如此说服自己。奢侈品不仅仅是质量的保证，更重要的是它是身份的象征。而这往往意味着有更多的机会繁衍后代。当然这点在富裕社区体现得并不明显，因为在该地区苹果系列产品几乎是每人标配。正如在巴黎的佛洛尔咖啡厅打开苹果笔记本电脑一样，没有人会觉得你有多高大上。但不妨反过来看，如果苹果产品是标配的话，一个人在咖啡厅打开的是戴尔电脑或者从口袋中拿出的是摩托罗拉手机，那你觉得他会对异性有多大的吸引力？

笔者并非认为桃花运会随着奢侈品消费而来，不可否认数百万拥有 iPhone 的人还孑然一身。但奢侈品消费的确会给人一种功成名就的感觉。或者它也确实会增加人们对异性的吸引力，反正戴尔电脑不会。人类愿意以高溢价购买奢侈品的根源在于下半身的原始欲望，从而忽略了大脑的理性思维。（本书将在第七章深入研究这种现象。）

苹果辉煌成就的背后是大批失意的企业。例如，2015 年可以说是耐克表现最好的一年，公司营收增长 28 亿美元。而同时期苹果营收增长高达 510 亿美元。堆积如山的美元，若非苹果，这类财富本可以被消费在其他品牌上。

在苹果公司猛烈的冲击中最危险的是中端奢侈品企业，具体指商品平均售价低于 1000 美元的公司。这类公司的目标客户并不十分富裕——并且相较于着装，年轻人更在意手机和咖啡，那么这类客户有限的资金最终会流向哪里？带有蜘蛛网裂缝屏幕的手机会比去年的旧夹克和包包更影响其可选择的配偶范围。最终他们很可能会在各类中端服装上精打细算，节省开支。

但另一方面消费在苹果上的510亿美元对于保时捷和布鲁内诺·库奇内利这类的顶级品牌商来说并无影响。其目标客户基本财务自由，不会因为买了这类产品而无力购买其他商品。

乔布斯做出的把苹果从一家科技企业转变成奢侈品公司这一决定在商业史上不仅是价值再创且意义非凡。虽然科技类企业利于扩张，但很少能长盛不衰。而香奈儿将会比思科公司更能长存于世，古驰公司终会见证谷歌的衰亡。在四大巨头中，苹果公司是目前奢侈品基因最好的一个。笔者认为其很可能会绵延流传至22世纪，毕竟苹果公司是目前为止四大公司中唯一一家在创始人和管理团队都离去的情况下仍然繁荣兴盛的企业。

科技企业的优劣势

纽约大学斯特恩商学院金融学教授达摩达兰的研究表明，科技型企业以超乎传统企业的速度经历其生命周期，以传统企业7倍的速度成长并衰退。

优点在于这类科技型企业可以比其他公司更迅速地发布产品、扩大规模和获取客户群体。后者往往会面临土地使用纠纷、资本要求以及密集的劳动力需求和经销渠道需历经数年打造等问题。劣势是它们容易被更年轻聪明且增长迅速的后来者超越。

野外雄狮的平均寿命在10到14岁之间，但在圈养情况下其寿命可达 20 年或更长。原因在于在圈养情况下雄狮没有来自其他同类的挑战和竞争。在野外，雄狮通常死于维护其领土和霸主地位的战斗中，很少会自然衰老而亡。

科技型企业就如同野外的雄狮。成为一方霸主当然日子逍遥——较高的市盈率、快速增长的财富、来自社会的喜爱和尊崇以及创新明星的光环。但是，每只狮子都想成为霸主，它所需要的就是力量、速度、暴力，当然还有无知，幻想其永远都会保持霸主地位。

苹果不仅从伟大的幻想者转变成实实在在的经营者，同时其通过转变成奢侈品企业大大延长了生命周期。意识到乔布斯之后，企业需要的是一名精通市场扩张的首席执行官，董事会最终没有选择幻想家艾维。

短视

笔者认为如今苹果公司缺乏远见，但这不影响其通过简单地改变iPhone 大小的天才想法继续蓬勃发展。另外由于意识到其可以利用品牌效应和包括资本、时间在内的投资转变成其他企业无法实现的奢侈品品牌，这延续了苹果的生命周期。

早在麦金托什电脑（苹果公司于 1984 年推出的一种系列微机）发布之初，苹果公司就意识到要退出科技行业，因为系统性能会越来越高且价格逐渐变低（摩尔定律）。如今苹果销售的是一种商品结合体，包含产品、服务以及情感——人们对无限完美和性感的追求。传递这些特性的正是在电力和科技的支撑下套上奢侈品外衣的半导体。如此强有力且令人迷醉的混合品造就了史上最盈利的企业。以前说人靠衣装，现在很多人认为饮食习惯能反映一个人的内在，但真正能体现一个人本质的是你用手机编辑的信息。

构建者

可能令你震惊的是：尽管与事实相左，认为是乔布斯创造了所有优秀的苹果产品的人却不在少数。似乎是他本人坐在位于丘珀蒂诺总部研发部门的实验桌前，在为母版焊接芯片，最后试验成功，为世界带来了iPod。事实上，那是 25 年前沃兹尼亚克制造苹果一代机时的场景。

乔布斯确实是一位天才，但其天赋在于别处。其无与伦比的天才想法，就是世界各地商业专家宣扬的科技"去中介"——即通过虚拟化的电子商务取代实体结构的分发体系和零售渠道。

在当时除乔布斯外，没有任何同行意识到这点。即鉴于内容可以在线上销售，实体商品或许也可以。而且如果想要把电子硬件作为高溢价奢侈品出售，其销售形式必然要和其他奢侈品一般无二。那就是把商品放在光彩夺目的殿宇中，璀璨的灯光下。伴随顾客的是随时待命的"机灵"的售货员。更为重要的是店面的透明化，不是为了让其他顾客而是让路过的行人看见，从而凸显顾客身份。一旦达到这一目的，你可以在该商店销售任何产品——前提是店面装饰优雅而有格调，且设计理念与同行一致。

正因为此，苹果公司才能获得其他企业高不可攀的利润率——制造成本低廉的高溢价产品。这一点其他奢侈品牌难以望其项背。比如宝缇嘉包包，虽然是高溢价商品，但其造价同样昂贵；汽车行业如法拉利，生产成本绝不低廉；住宿行业如文华东方酒店，亦是如此。

苹果公司成功的原因在于：其对制造业和机器人技术的重视比绝大多数科技企业（尤其是消费品牌科技公司）领先了一个时代。因此苹果拥有了顶级供应系统和只需少数技术专家支持的零售渠道，最终成为其他品牌商的羡慕对象。

护城河与攻城梯

　　企业一般会打造越来越高的城墙以防止敌人（行业新贵和竞争者）入侵，在商业上称为行业壁垒。

　　理论上来说这似乎是个不错的方法。但是传统的壁垒逐渐出现裂缝甚至即将破裂——尤其在科技领域。芯片运算性能的提升伴随的是其暴跌的价格（摩尔定律），网络带宽稳步提升，成长于数字时代的年轻人已经掌权。巨型的攻城云梯已然在这种环境下形成，娱乐与体育节目电视网（ESPN）、杰克鲁公司（J. Crew）以及前总统杰布·布什的威严还不可冒犯吗？不，数字化的攻城云梯无城不破！

　　那些非常成功的企业需要采取什么措施？商业书籍大师级作家马尔科姆借助大卫和歌利亚的寓言（出自《圣经》）阐述了其观点：不攻敌之所长。换言之，当一家企业作为科技公司借助某种优势（力量）快速发展，当其他企业利用同样的优势（力量）攻击它时，其必须能免疫这种力量。下面举几个明显的例子：网络效应（你之所以会用微信是因为你所有朋友都在用）；知识产权保护（每家用于诉讼事宜上的费用超过100亿美元的科技公司，其他企业起诉它使用的费用也有100亿美元）。当拥有这种免疫能力后，企业会逐步发展成行业标准，随后形成行业垄断，最终构建了整个行业生态系统（笔者之所以在Word上编辑文字因为别无选择）。

　　但是，笔者更认为构建更深的护城河才是企业长远发展的核心关键。

　　iPhone不会永远是最优质的手机，市场上太多同行在迎头赶上。然而，苹果拥有强大免疫功能的核心资产：遍布19个国家的492家专卖店。读者可能会问，挑战者只需要开一家线上商铺就可以了。实际上并非如此，惠普的网店要挑战位于伦敦摄政街的苹果店无异于鸟枪对大炮。即使三星决心开设线下店，也并非一蹴而就，这家韩国巨头将需要至少 10 年的时间才能提供像苹果一样的服务。

在数字时代形成行业颠覆之初，实体店就麻烦不断。一定程度上也确实如此。但数字化销售如今仍只占零售业的 10% 至 12%。事实上要消亡的并非实体店，而是中产阶级，以及为之服务的商店。它们之中绝大多数位于中产阶级社区，处境堪忧。与之形成对比的是位于高端社区的实体店，光彩依旧。过去中产阶级占全美人口的 61%，如今占比不到一半。其他属于上层阶层和底层大众。

苹果正意识到外部的攻城梯会越来越高，故而在时间和资金成本上构建了类似的护城河。谷歌和三星均紧跟苹果的步伐。但其至多能生产出性能更好的手机，而不能复制苹果传递给消费者的优越感。所有在数字时代成功的企业都需要深入思考：除却高大的城墙，还能在哪些方面建立足够深的护城河？答案是建立耗时费力的传统经济体系壁垒，竞争者才不容易穿越。苹果公司成功地做到了这点，不断投资于打造世界最优的品牌及其线下店。亚马逊同样也在修建护城河，上百个耗资巨大且工程烦琐的仓库正在建造中。这都是最传统的经济体系！笔者猜测在竣工之前亚马逊仓库项目会高达上千个。

近期亚马逊宣布租赁 20 架波音 767 并购置上千辆印有其品牌标志的拖拉机货车。谷歌已然拥有服务器群组而且正向太空发射小型飞船（20 世纪早期的航空技术），以便在地球接收信息。作为四巨头之一的脸书，其拥有的传统经济体系最少，这使其成为最容易遭受竞争者侵犯的企业。但脸书正在转变，正如该公司宣称的那样，脸书将联合微软共同架设电缆直达大西洋彼岸。

像苹果这么成功的企业，一个就可以挖空整片市场，甚至是整个地域。2007 年 iPhone 首次亮相就击垮了诺基亚和摩托罗拉，二者总共减少了十万个工作机会。诺基亚在巅峰时期,纳税比例占芬兰全国企业总和的 25%,30% 的国内生产总值(GDP)来自该企业。俄罗斯的坦克 1939 年曾开进芬兰,但是 2007 年苹果的入侵同样造成了极大的经济损失。诺基亚的垮台影响了整个芬兰的经济,该公司在股票市场上的份额也从 70% 下降到 13%。

苹果的将来

如果回顾苹果公司以及其他三大巨头的发展史,你会发现每家企业都是从单一的业务开始起步的。苹果以前只销售电脑,亚马逊开设线上书店,谷歌做搜索,脸书是社交网络。早期四大公司相互之间并没有竞争。直到 2009 年,当时的谷歌首席执行官埃里克·施密特预见到今后的利益冲突后退出了苹果董事会(也可能是苹果公司要求的)。

自此,四巨头不可避免地进入到彼此的领域。在广告、音乐、阅读、电影、社交、手机以及最近的无人驾驶等领域,或多或少都存在一定的竞争关系。不同之处在于,苹果公司是其中唯一的奢侈品牌商。奢侈品的高利润率和竞争优势使得苹果在四巨头之间的竞争中处于上风。确切说,奢侈品这一特性让苹果避免了激烈的价格战。

目前看来,笔者认为其他三大巨头与苹果竞争温和。亚马逊销售的是折扣平板电脑,脸书对用户的吸引力不及苹果,谷歌可穿戴项目中的谷歌眼镜是个禁欲系产品。

苹果可能是世上护城河最深的企业,作为奢侈品牌其生命周期大大延伸了。而其他三大巨头,与其他高科技领域的霸主雄狮一样,时刻面临着过早凋亡的危险。只有苹果有从死神身边逃脱的可能。

改变世界

产品的成本低廉以及高溢价使得苹果现金储备超越丹麦 GDP、俄罗斯股市总值、波音以及耐克公司市值总和。如果苹果可以花掉这笔钱，那应该投资于哪方面？

笔者的建议是：苹果公司应该建设一所全球最大的免费大学。

教育行业市场成熟。成熟得像树上烂掉的果实一样，需要被颠覆革新。一个行业的弱点是通货膨胀导致的价格上升和生产力以及创新发展共同影响的结果。科技行业占据越来越多世界 GDP 份额的原因在于，其能为人类提供价廉质优的产品及服务。而教育行业近半个世纪以来并无多大的改变，且其价格上涨速度之快，医疗行业比之不及。

笔者每周二开设的品牌战略课程班有学员 120 人，课程总学费 72

上大学的花费

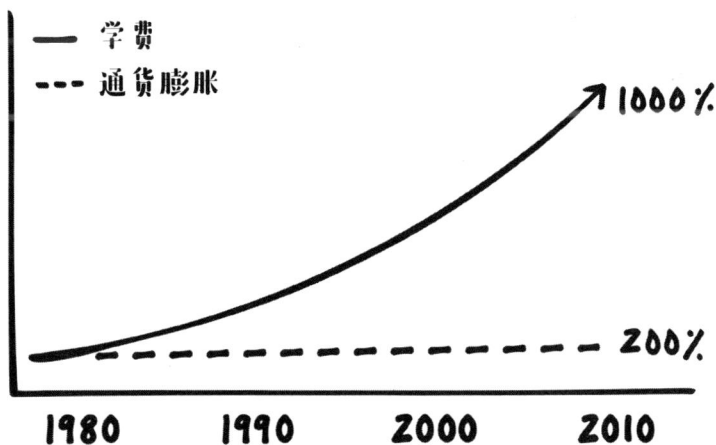

图例：
— 学费
--- 通货膨胀

1000%

200%

1980　1990　2000　2010

信息来自：
"听到了吗？钱包越来越紧了，报应要来了。" AEIdeas，2016 年 8 月。http://http://bit.ly/2nHvdfr.
《非理性繁荣》，罗伯特·希勒 http://amzn.to/2o98DZE.

万美元，即每节课 6 万美元，很多学员举债上学。笔者自认为是个优秀的教师，但每当夜深人静，想到在纽约大学，学员需要向自己的课程支付的费用竟高达 500 美元 / 分钟，总感到不可思议。

名校的毕业证书是通向更好生活的敲门砖。但对于中低阶层家庭的孩子们来说，只有极其优异者才有如此机会。上层家庭和外国富豪的孩子则不然，人人都能如此。美国前 20% 的富裕家庭中，其子女大学入学率达 88%。相对而言，底层家庭里这一比例仅为 8%。中低层中的普通平凡人（占人口的绝大多数）正被社会文明所抛弃，留给他们的，是一个饥饿游戏电影中描绘的那样的世界。

苹果公司有能力改变这一切。其品牌形象与教育息息相关，且资金实力雄厚。完全能够收购线上的可汗学院和实体大学（未来的教育会是线上线下结合的形式）。该公司有能力打破表面上服务于社会公益而实际上赞同姓氏制度（参考印度）的统治阶层。教育当以创造力为重心——设计、人文、艺术、新闻等课程。因为随着世界进入 STEM（科学、技术、工程、数学的总称）时代，未来属于活力创新的群体。通过他们的灵感构思，辅之技术实现，社会才会更加美好，令人向往。

另外一个重要的环节是改变教育行业的商业模式——取消学费，转而向招聘该学员的企业收取，因为相较于学生窘迫的处境，企业粮草充足。如果哈佛大学利用其 370 亿美元的获赠款项，取消学费，扩充班级数量，其完全可以颠覆教育行业。但是，如同其他学术机构一样，哈佛亦不能避免这种风气：相对于社会公益，大学更看重的是学术威望。纽约大学会因其极难通过的入学申请而扬扬自得。但在笔者看来，这就像是收容所会因拒绝流浪街头之人而自豪。

苹果公司有充足的财富、卓越的品牌、优秀的人才去改变这个等待改变的世界，又或者，苹果仅仅满足于为其下一代手机设计更好的屏幕。

THE FOUR

Chapter

4

第四章

脸书

如果单按规模来看的话，脸书公司可以算得上人类历史上最成功的企业了。

迪士尼每年的游览量超过27亿人次，其中华人14亿人次，天主教徒13亿人次，其他为1700万人次。而与脸书公司密切连接的人数为20亿。的确，全球有35亿足球迷，但达到近乎覆盖地球上半数人口的规模时足球已发展了150年。而脸书很可能会在公司成立20周年之前就超越足球迷如今的规模。公司旗下的5款应用平台中，有3款注册用户达到1亿人，分别是：脸书、瓦次普（WhatsApp）、照片墙。

如果每天用户在脸书上投入的时间是35分钟，那加上花在照片墙和瓦次普上的时间，总共在脸书公司上差不多是50分钟。除却工作、睡觉以及陪伴家人，如今人们花费在各种平台上的时间比任何其他活动都要多。

有人会认为脸书公司4200亿美元的估值过高。想象一下把整个互联网私有化成为一个企业，姑且称之为互联网公司，商业模式按照用户使用的时长收费，其必定是人们数字化生活的支柱企业。而后按照IPO一般提供的20%的股份进行公开募股，你认为能融资多少？笔者认为远大于4200亿美元。

每天花在脸书、照片墙、瓦次艾普上的时间
2016 年 12 月

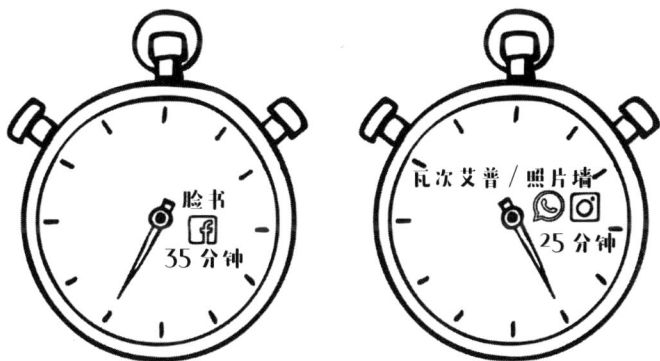

脸书
35 分钟

瓦次艾普／照片墙
25 分钟

信息来自："人们花费多长时间在社交媒体上呢？"MediaKik.

觊觎

我们觊觎每天见到的东西。——汉尼拔·莱克特

脸书公司是史上影响力增长最快的企业。原因是我们觊觎的东西都在脸书上。要考究脸书对人们消费的影响力，了解一下其网站上充斥着多少激发消费意识的信息就明白了（消费意识是市场营销第一步要做的工作）。

在社交网络，尤其是脸书旗下的照片墙上用户最能学到的是想法和欲望。当看到一位朋友在墨西哥发布了一张穿着杰克鲁凉鞋的照片，或者在伊斯坦布尔 SOHO 大厦的屋顶上喝一杯老式的茶饮时，你也想体验一下。脸书平台营销效果优于任何促销或广告渠道。当用户决定购买在

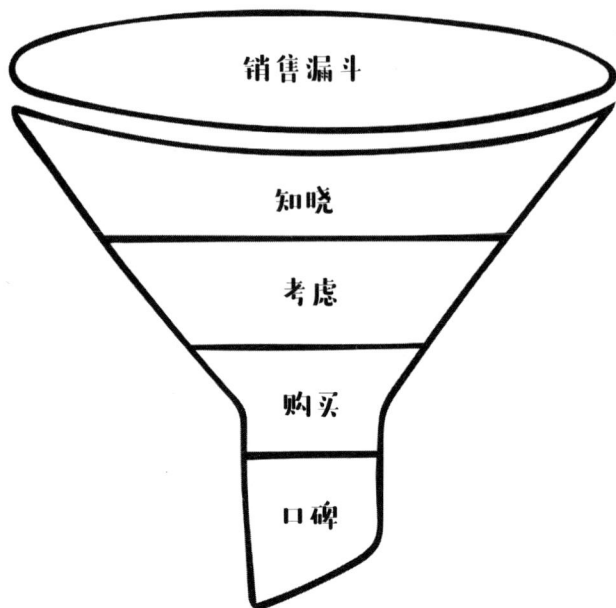

脸书上看到的物品后，其会通过谷歌或亚马逊查找该物品。因此在这个流程上脸书位于谷歌的上游，首先在脸书上看到所要获取的物品，其后在谷歌上查找物品的信息，最后通过亚马逊购买。

在以往的市场营销中，规模和精准性只能二选其一。超级碗走的就是规模路线，其覆盖观众约 1.1 亿，给用户推送的广告信息一致。但其绝大部分广告信息跟观众并不相关，可能电视机前的观众并不想购买韩国轿车，也没患不宁腿综合征，更不想也不愿喝百威啤酒。另一面是精准性，在一次易贝首席营销官主持的晚宴上，与会的其他企业的营销官接受的是与其息息相关的内容信息。这场宴会参加者总共 10 人，花费却超过 25000 美元。其目标高度锁定但不具规模性。

没有任何媒体公司能像脸书公司如此兼顾其规模和精准性。其拥有的 18.6 亿用户均有自己的个人主页，里面记录了用户数年的内容信息。

如果广告商想要精准推送广告至个人，脸书会依据用户行为收集其数据信息。这正是其优于谷歌的地方，从而解释了为什么社交网络能从搜索巨头那里争夺市场份额。借助其手机 App，脸书目前是全球最大的广告显示销售商。鉴于谷歌几年前刚从传统媒体那里夺取到广告份额，这无疑是个辉煌的成就。

具有讽刺意义的是：通过分析用户的每一个数据信息，脸书可能会比我们的朋友更了解我们。我们每一次的点击、发布的动态以及朋友信息都在为脸书提供详细而精准的用户画像。另一方面，用户每次发的帖子信息，尤其是希望展示给朋友看到的，实际上是自我标榜。

用户脸书上展示的通常是美化后的生活状态，就如面对聚光灯和镜头时人们通常会精心打扮。脸书正是一个支撑用户美化的平台。用户发出的帖子一般是关于自己的美好时刻，希望展现给朋友或留待追忆。比如去巴黎度假或参加某明星演唱会，很少有用户会发布自己离婚协议或者累成狗的图片，就像博物馆馆长一样，人们会有选择地展示艺术品。

但是，作为平台方的脸书却不会被用户良好的生活状态所蒙蔽。其能发现用户的真实状态，并反馈给广告商，这正是脸书公司影响力如此强大的原因。脸书为用户提供美味的诱饵，使其提供真实的自我信息。

情感联结与爱

良好的人际关系使人幸福，哈佛大学医学院著名的格兰特研究验证了这点。该项研究是迄今为止时间维度最长的有关人类的实验。为发掘人类繁荣兴盛的根源，其选取了 268 名哈佛大学大二男生（1938—1944年），并对这些男性进行了长达 75 年的跟踪研究。测量范围之广令人震惊，包含心理学、人类学和身体特征——从人格到智商、饮酒习惯、家庭环境甚至其"阴囊悬长"。研究发现，一个人的人际关系的深度和意义是衡量幸福水平的最有力的指标。

这项耗时 75 年、资金成本 2000 万美元的研究最终得出结论：幸福源自爱。爱指的是我们与他人之间亲密互动的广度和深度。而脸书不仅深度了解人类对这类关系的需求，并且能帮助用户培养它。这点相信你深有同感，比如在脸书上看到 20 年前的朋友你会兴奋不已，又或者为朋友搬离后也能通过脸书与其联系暗暗欣喜。每当朋友在朋友圈发布其新生婴儿照片时，你的神经元都在分泌一种促进兴奋的物质：多巴胺。

人类作为地球上的一个种族在很多方面要比其他物种弱，发达的头脑是我们的核心竞争力，而同理心是人类之所以为人的重要原因。随着社交媒体上分发传播的图像内容激增，社会产生了更多的共鸣（同理心）。这种共鸣让我们不太可能去毒害小孩，而会去追捕那些做坏事的人。众所周知，贸易国双方之间不太可能发生战争。而随着暴力造成的死亡人数持续减少，最终人们会发现出现此种结果的原因在于越来越多的人感觉与其他人关系更加亲近。

无私精神和相互关怀是物种继续生存的关键——而给予他人关怀的人会得到更幸福的人生。这种细致的关怀，不管是情感上的还是肉体上的，会让人类永葆青春活力。脸书正是让人类相互关注的平台，也正因如此，其成为我们幸福生活的重要媒介。

脸书上或许有四分之一的人发布颓丧和自欺欺人的信息，但其同时也为用户提供了寻找爱情的机会。事实证明，用户只需将婚姻状况从"恋爱中"转变为"单身"，就能向网络平台发出强烈的寻偶信号。关于某位用户改变状态的消息可以在网络中快速传播，到达网络中各个节点。

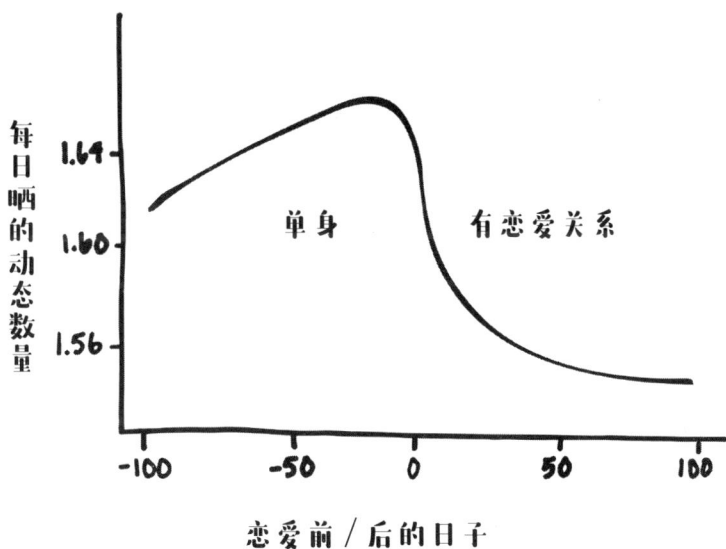

每日晒的动态数量

1.64
1.60
1.56

单身　　　　　有恋爱关系

-100　　-50　　0　　50　　100

恋爱前／后的日子

信息来自：梅耶·鲁滨逊．"当你恋爱的时候你的脸书变成了这样。"《大西洋月刊》

　　每当有用户转换婚姻状态信息时，脸书就会分析该用户由此产生的行为变化。正如上图所示，单身人士在脸书上交流更加频繁，因为他们均处于求爱期。而一旦他们与某人确定关系了，其在网站上的交流频率骤然下降。脸书后台会跟踪这一信息并通过名为"情感分析"的进程把用户各种图文信息分为两类——消极信息和积极信息，以此评定用户的幸福程度。正如你可能会期盼的那样，配对成功会显著增加幸福感（尽管在最初的兴奋之后幸福感似乎会有所下降）。

　　对脸书持有怀疑态度很正常，尤其是面对平台充斥着的自我标榜信息、假新闻、毒鸡汤等等。但不可否认其能促进人际关系和谐，甚至用户能在脸书上找到爱情。事实证明，这种人与人的连接关系使人更加幸福。

监听

2017 年，地球六分之一的人每天都在使用脸书，这上面展示了用户个人身份信息（性别、地点、年龄、学历、朋友）以及状态（正在做什么、喜欢什么以及今天和往后的计划）。

营销者的天堂即隐私倡导者的噩梦。脸书的开放性和年青一代乐于分享的精神产生了庞大的数据信息库并成就了各类客户精准定位工具。商业的宣传页、调研小组、问卷调查等作用并不明显。而随着互联网数据采集技术的发展成熟，以往给你 75 美元代金券让你填写调查问卷的人将会失业。调查问卷等在数字化时代几乎毫无意义。因为在这个时代，像脸书这样的公司能够直接观测人们私生活当中的真实行为，不需要用户填写有所隐瞒的问卷信息（例：做那事我总会用避孕套）。

这种强大的机器学习技术不是仅仅简单地在网页上精准推送广告。每当用户在手机上打开脸书 App，其便在收集并分析数据信息。这点毋庸置疑：用户在脸书上做的任何事情都可能被收集储存。该公司声称并不会利用这些数据来推送广告，而是推送用户感兴趣的内容信息以便提供更好的服务。

我们知道脸书实际上可以通过连接手机的耳机窃听周遭的杂音。这意味着其可以通过人工智能软件来分析这些杂音，从而确定你在做什么、和谁在一起，甚至你旁边的人在说什么。这样的神操作是不是比在使用 Pixel 手机（谷歌智能手机）时网页上出现精准广告更令人毛骨悚然？脸书对此道的应用可谓登峰造极，而更可怕的是其收集的数据可在平台间交叉使用。用户在照片墙上发布一张卡车照片，第二天其便能在脸书上看到完全一样的卡车广告推送信息。这种神操作跟用户信息关联性有关。

本书不会深入研究隐私问题，相关讨论可参考其他书籍。总体而言，社会关于隐私和用户信息关联性之间的冷战已然爆发，但没有采取实际措施（比如禁止脸书）。目前双方（支持保护用户隐私和支持用户信息关联的双方）之间并无信任，且冲突很可能会升级。人们有意识地向企业公开大量的私人信息——日常活动、邮件、电话记录——期待那些公司能好好利用这些信息，但同时也希望这些信息受到保护，不被刻意关注。

这些平台对用户的效用如此巨大以至于客户愿意承担其隐私数据泄露的风险。网络上对信息安全的保护措施是不够的——很明显的例子：雅虎在2014年和2016年均出现数据泄露问题。数据黑客严重影响人们的私人生活。笔者会经常更改账号密码且登录时需要双重验证，但从没有遇到哪个人说自己考虑到隐私问题不再使用手机或者脸书的。当人们在手机上登录社交网络时，已经决定承担隐私泄露的后果了。但是一切都是值得的，因为社交网络有你需要的东西。

本杰明·巴顿经济体

在如今算法驱动的经济社会中，谁是胜利者？我们作一个象限图，Y轴表示企业覆盖的用户数量。毫无疑问，只有谷歌和脸书位于超十亿级俱乐部。许多覆盖量达数百万的企业，如像沃尔玛、推特、影视平台等属于巨大型。

用X轴表示从用户那儿获取的信息。我们需要了解用户提供哪些信息、企业获取的信息量以及获取信息后企业如何不受用户察觉快速地改进用户体验。比如声田（Spotify）会推荐用户喜欢的歌曲，优步会自动填写用户目的地信息。在过去5年里，只有13家企业表现超过标准普

新的价值算法

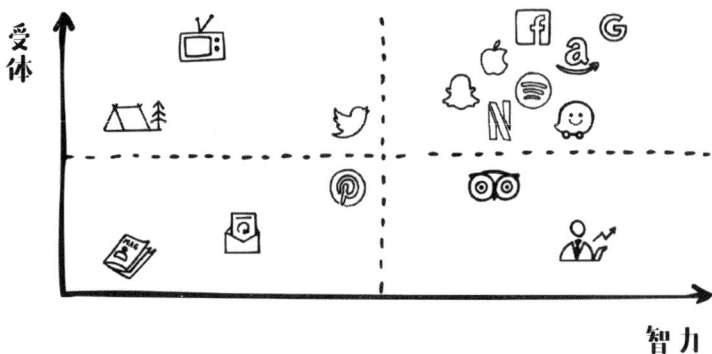

尔指数，再次证明了如今是赢者通吃的经济社会。这些企业有哪些共同之处？它们使用花生酱和巧克力的结合受体（用户）和智能（算法跟踪使用情况以改进产品）。

这类企业的产品特性是使用越频繁越具有价值。你身穿的耐克服装会逐渐贬值，但是把身穿耐克的照片发布到脸书上，就是在为该社交网络创造财富。商业上把这种现象称为网络效应，用户让社交网络功能越发强大。拿高德地图举例，每次用户使用该软件，其都在校准路线、更精确地定位客户，从而提供更好的服务。

人们应该投资或者工作于哪个企业？答案很简单：具有本杰明·巴顿经济体性质的企业。

回过头来看上面建立的象限图，赢家位于右上象限。很明显包含三大平台：亚马逊、谷歌以及脸书。大量的受众、不断更新改善的服务以及流量变现是这类平台的核心。这一切都依靠人类创造的最具价值的技术——算法。

在三大平台以弹窗出现的新闻报纸其受众能达数百万，遗憾的是其并不能通过点击阅读收集用户信息。因此，虽然三大主流平台（搜索、电商、社交）对用户了如指掌，但《纽约时报》只会知晓其大概的信息，用户的地址、邮编以及阅读和分享的文章等等。这类算法基于的是整体受众，而不能精确到个人。

脸书公司的算法可用于区分特定地理区域的不同人群。比如，可以给广告商提供"波特兰附近想要买车的千禧一代女性"的信息。剑桥分析研究所是一家研究英国脱欧和特朗普大选的数据公司，通过挖掘数百万美国公民社交账户的信息，在 2016 年大选前绘制出了选民的心理特征图。

和其他传统媒体一样，《纽约时报》让谷歌管理其搜索功能——等其意识到错误后为时已晚。因此，不同于脸书，时报对笔者这个 15 年的订阅用户的信息了解得并不详细。各类电视台获取的信息则更加不值一提。21 世纪以来，电视台一直止步不前。落后通常意味着失败，数据能向广告商表明哪些广告信息不够精准纯属浪费，从而减少电视广告的投入。

部分数字化企业也没落下去，推特公司就对其用户知之甚少。推特上数百万用户使用的是假身份，同时 15% 的用户（4800 万）是机器人。其结果是，尽管该公司可以计算出地球不同地区的情绪和口味偏好的变化，但很难将目标锁定个体用户。优势在于其能研究人类整体，但在个体上非其所长。类似于维基百科和 PBS，推特基于整体用户分析的价值超越市场估值，利于人类社会的发展但于其股东来说并无益处。

在上述的象限图中没有哪家企业所处的位置要优于脸书。以覆盖的用户数以及信息收集量而论无出其右。也正因为此，脸书在数字化领域能量巨大。数字化领域的精英人才桀骜不驯，如果把他们比作肆虐的蚊虫，那脸书就是能治疟疾的奎宁。精英人士期望在一家互联网巨擘企业工作，前景光明、机会多多，每天要处理的事宜都很有乐趣且报酬高昂。很少有企业能像脸书这样财大气粗，光收购一家成立不到 5 年的企业（瓦次普）就投入 200 亿美元。

笔者在 L2 工作时曾研究大型企业人员流动情况，包括传统公司和四大巨头。WPP 是全球最大的广告集团公司，其有约 2000 名员工跳槽到脸书或者谷歌公司。相比之下，只有 124 名脸书或谷歌的员工跳槽到 WPP 集团。

而这 124 名跳槽到 WPP 集团的员工，其大多数是在脸书或谷歌实习期满却未能转正的无奈之举。如今广告行业雇用的都是巨头挑选剩下的菜而已。

人才的流转更加巩固了数字化巨头的霸主之位。不仅仅表现在其能通过对数据信息的掌控使服务更加智能化，更为重要的是其拥有最聪慧最合适的人才。多少求职者为在谷歌工作去做那"大名鼎鼎"的

从 WPP 迁出于／迁八到脸书和谷歌

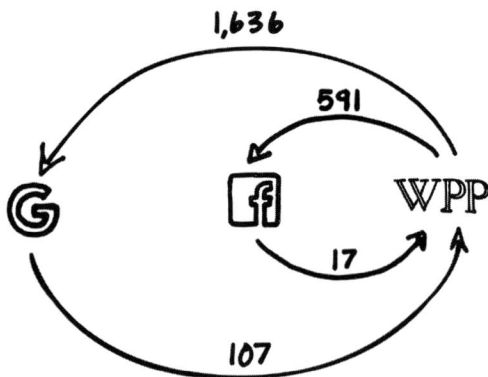

1,636

591

17

107

信息来自：L2 公司的领英数据分析

智力测试。入职脸书难度不亚于谷歌，只不过脸书不像谷歌招聘时那样招摇过市。

头脑、肌肉和鲜血

丘吉尔曾说二战的胜利依靠的是英国人的头脑、美国人的肌肉和俄罗斯人的鲜血。这三大武器脸书全部具备，如果要问用户在其中充当什么角色，答案是鲜血。

拿色拉布（Snapchat）来说，许多分析师认为这项获得广泛成功的照片分享应用有能成第五大巨头的潜力。该应用是斯坦福毕业生的创意设计，2011 年正式上线，是一种向朋友分享即时照片和视频的应用程序。其亮点在于分享的内容会在数秒或数小时后自动焚毁。这相当于在分享的同时有了保障，用户可以自由地分享更亲密的内容而不用担心被未来的伴侣或雇主看见。同时内容的短暂性激发了紧迫感，用户参与度更高。最后，色拉布在年轻人中风靡。

成立几个月后，色拉布添加了许多新功能，甚至进军影视领域，推出了移动电视频道。2017 年该公司用户增长速度超过推特，到其进行首次公开募股时，注册用户数达 1.61 亿，市值 330 亿美元。

毋庸置疑，脸书已经着手摧毁这家年轻的企业。正如该公司首席战略官所言：色拉布是一家快照公司，而不是社交企业。

笔者不确定这是小扎提出收购色拉布被埃文拒绝后的蔑视，还是面对其威胁时合理的回应。但可以确信的是，每当扎克伯格醒来或睡前，都会告知自己："我要将色拉布集团从这个星球上抹去。"最终他会成功的。

扎克伯格深刻认识到图片应用技术是脸书公司最受用户欢迎的应

用，用户大部分图片分享是在其社交帝国旗下的照片墙上进行的。人们获取图片信息的速度是文字信息的 6 万倍，所以图像市场是社交网络的核心。如果色拉布威胁到这一社交细分市场或者有成为巨头的潜力，这个威胁必须被清除。

为此，脸书正在爱尔兰开发一种新型的以图像为核心的界面应用，正是色拉布的克隆版。在 2016 年的一次财报电话会议上，扎克伯格说了一句奇怪的话："我们相信图像将是人们分享的方式。"

脸书已然擅自使用色拉布的一些创意设计，包括快速更新、故事分享、自拍过滤器和即时消息功能，而且这种趋势会一直持续下去，除非政府禁止。脸书就像是一条吞噬大象的巨蟒，大象刚入口时，其会变成大象的模样。但一旦消化完毕，其便会还原，只不过，变成了更大的巨蟒。

其巨蟒特性更多来自照片墙，脸书公司于 2012 年收购了这家图片分享网站，耗资 10 亿美元。事实证明这是一项有史以来最成功的收购案。面对各方的嘲笑（收购时照片墙只是个 19 人的小企业），扎克伯格坚定不移。如今照片墙市值已超过当时的 50 倍。不管你是否认同照片墙在社交市场的地位，不可否认这确实是 20 年来最成功的收购。（但两年后小扎在收购瓦次普时就没有那么幸运了，同样是二十来人的小企业，脸书耗资 200 亿美元。）

要深刻了解为什么该收购案如此辉煌，不妨查看下照片墙的"影响力指数"——平台所覆盖的用户数乘以参与度。该社交指数表明照片墙是全球最有影响力的平台。其拥有的用户数为 4 亿，仅为脸书的三分之一，但其用户参与度却是后者的 15 倍。

脸书公司在照片墙上的成功很大程度上要归结于其顺应市场的迅速。它开发新功能的能力无人能及。当然有些功能很实用，如信息发

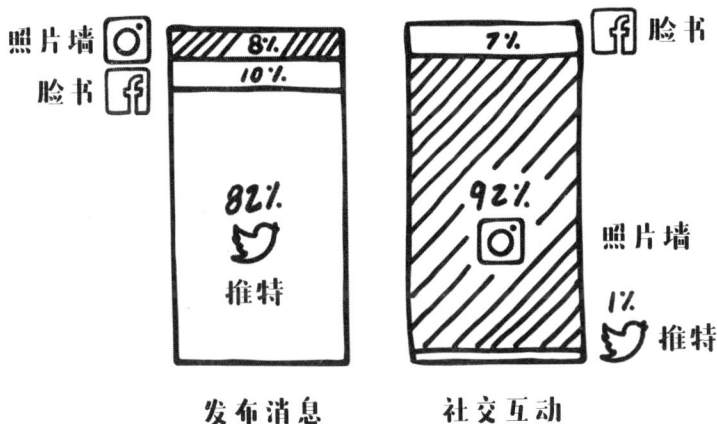

全球覆盖 vs 平台参与度
2016 第三季度

照片墙　8%
脸书　10%
82% 推特

7% 脸书
92% 照片墙
1% 推特

发布消息　　社交互动

信息来自：
L2 公司对 Unmetric 数据的分析。
L2 公司市场预测报告：社交平台 2017. L2 公司

送、移动 App、客户定制新闻提要；有些则平淡无奇，如新增的购物分享、点击下单按钮。鉴于其产品更新及调整速度，脸书是世上当之无愧最具创新能力的企业。

另一个不太光彩但同等重要的成功因素是：每当感受到用户或者政府的抵制情绪时能快速让步。脸书意识到对用户的控制力仍然很脆弱，尽管用户会精心构建和维护自己的主页，但当市场上出现更具吸引力的竞争者时，大批用户会弃之而去，正如脸书从 MySpace 那里获取市场份额一样。因此，当其无止境地推行电子货币的举措激怒了用户时，公司很快就做出让步，而后从其他方面加以探索创新。贝佐斯在其一封著名的投资信件中曾强调，成熟企业的灭亡很大程度上是因为在一些不理智的项目流程中坚持不懈。当联合航空公司首席执行官被问及关于员工把乘客拖下飞机的意见时，他的回答是"该员工完全是按照相关流程办事"。

脸书大部分创新应用免费给用户使用，但能从其他方面获利：逐渐成长为全球最大的社交媒体公司，从用户那里获取内容信息。换言之，脸书不用支付报酬就有 10 亿多人为其工作。相比之下，大型娱乐公司必须花费数十亿美元创建原创内容。奈飞出品的《王冠》每季耗资超过 1 亿美元，且 2017 年计划在内容创造上投入 60 亿美元（比 NBC 或 CBS 高出 50%）。尽管如此，更吸引人们注意力的还是脸书。正如出现在社交媒体上的 14 个月大的麦克斯和他的新维兹拉小狗的照片，可能只有 200 到 300 人感兴趣，但这就足够了。机器算法会给用户分类锁定，然后推送各自感兴趣的图片。进一步来看，如果哥伦比亚广播公司（CBS）、美国有线电视联播网（ESPN）、维亚康姆公司（MTV）、迪士尼（ABC）、康卡斯特公司（NBC）、时代华纳（HBO）、奈飞等都不投资内容创作，其总共市值几何？很简单，相当于脸书公司市值。

双头垄断

脸书和谷歌正重新划分传媒市场。最终，二者各自控制的广告市场将超过历史上任何两家公司。大部分人都认同的观点是：至少在未来 10 年里，媒体广告的增长点在移动端。而脸书和谷歌公司二者合计占据全球移动端广告市场的 51%，且市场份额逐日增加。2016 年，两家企业在数字媒体广告增长中贡献率为 103%。这意味着若非谷歌和脸书，数字媒体以及报刊、广播、电台等整个行业都在衰退。

假象

美国数字广告增长率
2016 年度同比

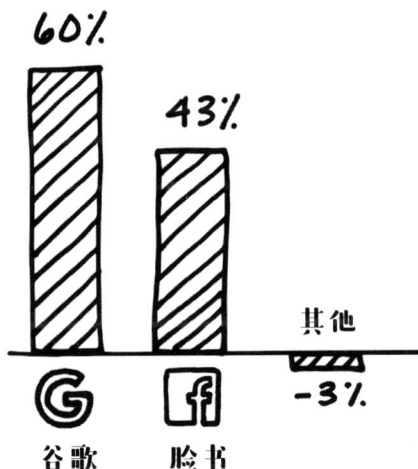

信息来自：卡夫卡·彼得．"谷歌和脸书在迅速发展。其他的数字广告业务在减少吗？"Recode.

　　为争夺市场霸主地位，可以预见的是脸书和谷歌都会大胆地押注未来。一条比较费钱的投资就是虚拟现实（VR），也正是脸书抢占业界先机所选择的路径。2014年，扎克伯格耗资20亿美元收购了行业领先的VR头盔公司——Oculus Rift。扎克伯格在收购完成后曾豪言："VR将开辟世界新篇章。"（剧透一下：VR并未做到呢！）

　　当时，脸书对VR满怀期望。设想以后人们可以戴上头盔参加虚拟会议，纽约和东京的外科医生能在同一个虚拟场景中做手术，而祖父母们可以和遥远的孙儿共度一段美好的虚拟时光。如此一来，其影响力会深入人心。该公司将会开创一个全新平台——在那里人们不仅可以沟通交流，还能在虚拟世界中共度时光，可谓商机无限。

　　继扎克伯格之后，风投机构向各类VR创业公司注入了亿万资金。

其后不久，包括另外三巨头在内的其他企业也积极投入虚拟现实技术研发中。谁也不想错失下一个风口。

虚拟现实如镜中花水中月，是一种假象。一股强大的力量使世界总是处于平衡状态。人终有生老病死，圣人也会犯错。在很多事情上扎克伯格的看法非常正确，而在虚拟现实上其犯了个巨大的错误。科技型公司目前还没有能力影响公众的穿着。人们非常注重自己的形象，大多数男士不想让人知道他看起来还没有女朋友。前车之鉴历历在目，谷歌眼镜就完全被公众所摒弃。而且佩戴 VR 头盔让人看起来很可笑。VR 之于扎克伯格犹如加利波利之于丘吉尔。加利波利在战场上的失利让丘吉尔明白了他同样会犯严重的错误，但这并不影响其迈向胜利的脚步。脸书公司仍主导着全球媒体市场，并重塑 21 世纪的广告行业。

贪得无厌

脸书公司如同一只贪婪吞噬的野兽，继续向前发展着。凭借其全球影响力、近乎无尽的雄厚资本、更加智能的数据处理技术，脸书连同谷歌将进一步蚕食无线电广播和数字化媒体市场。新西兰的状况恰当地反映了全球媒体市场的走向，在那里，传统媒体企业正被科技媒体公司生吞活剥。虽然传统媒体并不会消失，但将会是个糟糕的行业。

在这场浩劫中少数企业能挺住。而像《经济学人》《时尚》《纽约时报》这类的媒体可能会从中获益，至少短期来看确实如此。因为其相对较弱的竞争对手会灭亡。加之公众对新闻报道真实性的重视，这些企业会获得市场份额的短暂增长。但秋后的蚂蚱始终蹦不了几天。

在这个过程中，脸书公司会不断摧毁传统媒体。例如，《纽约时报》约 15% 的线上流量来自脸书。其甚至同意脸书转发《时报》文章，意味着用户可以不用登录《纽约时报》的网站，在脸书上就能阅读该报刊，条件是保留其在文章中的广告收益。

看起来似乎是笔划算的买卖，但实际上这样做等于拱手把主导权交给了脸书。如此一来《纽约时报》曝光度的高低完全依赖脸书喜好，而当脸书中意其他媒体内容时，《纽约时报》的内容就会被替换。这个曾经美国媒体界最骄傲的品牌报刊自此沦为文章供应商，而脸书决定了媒体内容的分发和广告植入方式。如果说以前让谷歌采集其用户数据信息，《纽约时报》是在自缚双手，如今加入脸书公司即时文章推送项目，对该报刊和其他参加这一项目的媒体机构来说，无异于自挂东南枝。人很难从经验中得到教训。2016 年年末，因为不大看重收益，《纽约时报》曾经从即时文章推送项目中退出。因此，这是该报刊第二次出售了公司的未来，而售价并不具有吸引力。

石油开采

在沙特阿拉伯一些特定的地区开采石油非常容易。把管道打入地底石油就会冒出来，而且纯度极高，完全可以直接加入汽车油箱。这类石油开采每桶所耗费的钻探设备成本仅为 3 美元。而就算在市场低迷期，该石油售价也超过 50 美元 / 桶。

而在美国石油丰富的地带宾夕法尼亚州联合镇，能源公司为获取土地开采权，首先需要与农场主讨价还价一番，然后再钻探至地核深处，以期击破某种类型的页岩层。能源公司必须花重金置办能钻探地下10000 英尺（1 英尺 =0.3048 米）的设备，成本高昂。而且就算该公司发现了特定页岩层，还需要将周遭用工业设备围住，之后击碎岩石，抽掉里面上千加仑的盐水，最后才能获取释放出来的石油。公司每桶石油耗费设备成本 30 美元，而上述的一系列施工操作成本更高。

鉴于上述情况，试问沙特阿拉伯国有石油企业——阿美石油公司愿意转战宾夕法尼亚州西部区域吗？至少在只考虑经济因素的情况下答案是否定的，因为那意味着每桶石油要损失 20 多美元的收益。

脸书公司面临着同样的情况。核心资产——石油，于脸书来说就是亿万注册用户。依靠技术该公司能越发了解用户，因此可以很容易获取利润。而 VR 头盔、生物医疗、电缆铺设、无人驾驶汽车以及其他商业机会对脸书来说赔率较大。如果有用户会通过点击、点赞、发帖等表明自己的喜好，那便很容易向这类人售卖物品。只要用户清晰表明偏好，这生意就像在沙特阿拉伯开采石油一样简单。

如果笔者在脸书上点击一篇有关伯尼·桑德斯的文章，并给查尔斯·舒默这个人点个赞，那么该公司后台无须动用电脑算力就能把我归类于顽固的自由派（左派）中。若在这个过程中电脑投入一定的算力以进一步确定笔者的喜好，那么其会在我的自传中发现"伯克利"一词，其后便能极其确定笔者是个环保主义者。（译者注：为抗议为减少山水而制订的伐木计划，环保主义者曾在伯克利举行激进的裸体抗议，此事引发广泛关注。）

然后脸书会通过算法给笔者发送更多有关左派的信息，只要笔者点击进去，该公司便能从中获利。新闻提高曝光度基于以下四个要素：作者、受欢迎度、发布类型以及日期，这些都要依靠算法。当笔者阅读内容信息时，不管是《卫报》上的记者述评，还是优兔（YouTube）上伊丽莎白·沃伦对某事表示愤怒的视频片段，抑或笔者朋友抱怨政治的文章——算法了解笔者关注的内容板块，因为其已经确信我属于激进分子。

有一个问题是：如果所有人都不确切地表明自己的政治立场，脸书如何向用户推送有关政治的文章？大部分美国人属于温和派，因此脸书上的用户很可能也是，这样一来很难弄清楚用户偏好。这种情况下，脸书需要针对每一个用户，通过更为复杂的算法来分析用户社交朋友圈、动态、邮编以及浏览的网页等。如此一来，在温和派身上脸书获取的利润较低。

再者，就算完成了上述的工作，也并非一定能从中获利。因为出售给广告商的这些温和派的信息并非基于用户的直接偏好，而是从大量的用户相关信息提炼出来的，这会经常出现对用户偏好的误判。笔者居住的格林尼治村社区属于彻头彻尾的民主派（译者注：民主派即左派，崇尚自由，比较激进）——只有 6% 的人支持特朗普。可以确定笔者不仅生活在一片"泡沫"中，而且是一间没有窗户的牢房。但只要牢房够大，也算不错。

温和派通常不容易预测其行为偏好，也很难获得关注。想象这样一段视频：画面中一群身着羊毛衫的人用一种平和的语气讨论墨西哥自由贸易的利弊。这样的视频能获得多少点击量？对温和派营销就如同在页岩层下获取石油一样难，只有在没有其他更好的选择时才会这样做。因此，用户通常接收到的是极端且不合常理的新闻信息。

脸书和其他由算法驱动的媒体公司很少会花费精力在温和派身上。相反，如果该公司发现用户倾向于共和党，其会向该用户发送更多有关共和党的内容。最后当脸书认为可以的时候，便向用户推出重磅新闻。比如布莱巴特网站上让共和党怒火中烧的脱口秀片段，用户甚至可能会看到该脱口秀主持人亚历克斯·琼斯。脸书忠诚的粉丝用户，不管属于左派还是右派，会点击阅读这条充满诱惑性的新闻。获得最多点击量的帖子都是具有冲突性或让人愤怒的新闻信息，随着点击量的增加，该新闻会在谷歌和脸书上成为热点。而成为热点反过来进一步提高了该帖子的点击量和转发数。然后用户每天关注该帖子进展，帖子里面包含的新闻或者视频片段在网上流传开来，覆盖到的用户数可达数千万甚至上亿。最终，人们进一步沉迷于泡沫虚幻当中。

上述就是算法如何强化社会两极分化的进程。人类认为自己是一种理性的物种，实际上我们的种种行为是大脑深处关于生存做出的刺激反应。最终人类世界被划分为两大阵营，一个阵营里是和你持相同观点的人，另一个阵营里是持反对意见者。愤怒是一种很容易激化的情感，用户难以控制自己不去点击那段理查德·斯宾塞被抨击的视频。政客们可能看起来很极端，但那只是在面对公众时的政治需要。而我们每天因为阅读某些新闻消息产生的怒火，则属于另一种极端。

罔顾责任

包括 44% 的美国人在内，全球很大一部分群体会在脸书上阅读新闻。但同谷歌一样，脸书公司并不乐意被看作一家媒体企业。市场上传统思维认为其拒绝被打上媒体公司标签的原因是考虑到公司股票估值的需要。因为媒体公司的估值不至于太过疯狂，而四巨头沉迷于富可敌国的估值——成千上万亿美元。如此，体量不大的公司精英群体生活安逸、前景可期且极其富有。这是种盛行的保留策略。

脸书不想被冠以媒体公司的另一个原因就显得更荒谬了。新闻界令人尊敬的企业会意识到其对社会的责任，并利用其扮演的角色去塑造客户的世界观。比如，编辑需要客观、事实必须查证、新闻工作者具备高尚品德、常与公众对话等等。如此种种不仅工作量巨大，而且会降低企业利润。

笔者最为熟悉的是《纽约时报》，其编辑不仅会核实新闻真实性，而且努力在自己编辑的新闻中实现一种平衡。如果报刊中有大量吸引左派的新闻内容，比如梦想家被驱逐出境或者南极冰山出现大面积破裂及融化，编辑们会尽量再刊登一些有关右派的新闻以达到平衡，例如大卫·布鲁克斯攻击奥巴马医改的专栏。

如今人们总是在争论：责任心日益下降的媒体机构能否保证新闻真实性与公正性（上文中的平衡）。答案是，他们一直在努力保持这一优秀传统。当编辑们讨论要刊登哪些新闻时，至少明白其使命是通告公众，并非一切都以金钱和点击量为核心。

而对于脸书来说，金钱和点击量就是一切。该公司企图以一种开明的姿态掩藏其贪婪的本性。但其基本上和包含其他三巨头在内的科技行业其他赢家一样——在公司领先的领域里培育进步品牌，之后多元化发展，继而在整个新能源市场拓展业务。但与此同时，他们认同达尔文的理论，贪婪地追求利润，从不在意这样做的后果会摧毁多少工作机会。

而一旦该企业的成功只以点击量和金钱作为衡量标准，为什么要在意推送的新闻是真是假？买通一些媒体监督部门为其打掩护就行了。该公司追求的就是其机器监测到的点击量不断上升。

比萨门事件——一则关于华盛顿比萨店（彗星乒乓）的假新闻——在2016年大选前引起广泛关注。该新闻声称希拉里竞选团队负责人约翰·波德斯塔（John Podesta）的弟弟在比萨店后面经营儿童色情业务。相信这一谣言的公众不在少数，甚至一名男子带着突击步枪从北卡罗来纳州驱车而来，想要释放新闻上说的被监禁和虐待的孩童。该男子冲进店内并开了一枪，虽然没有人员伤亡，但是下次谁能保证假新闻不会引发严重事故呢？最终该名男子被逮捕。

真假新闻并存于脸书只会使得该网页更具危险性。当人们在克罗格超市排队时，发现随手浏览的超市小报上说希拉里是名外星人，大部分人都会怀疑其真实性。但是，由于《纽约时报》和《华盛顿邮报》也出现在脸书上，公众对脸书上整体新闻信任度较高，这会导致公众容易被网页上的假新闻所蒙蔽。

平台

脸书如何施加其对网络言论的控制力？一个好的切入点是"仇恨犯罪"，在这方面很容易对用户施加影响。实际上想实施仇恨犯罪的人并不多。脸书会举手声称："不许再发仇恨性的帖子。"这种形式和其他三巨头如出一辙，这种声明对于网络上依旧泛滥的刺激性假新闻毫无约束。

要摆脱这一困扰，必须促使这个全球最具影响力的媒体公司承担应尽的责任。其首先要做的是判定内容的真伪，但如此一来会激起公众的愤怒以及怀疑，正如现今主流媒体面对的问题一样。更主要的是，伴随着虚假信息的清除，脸书将会错失数十亿点击量和巨额收益。

通过宣称其是一个社交平台而不是媒体公司，脸书试图避免对内容信息的评判。乍听之下似乎确实如此，但"平台"一词并不能让其免于担责。如果麦当劳供应的牛肉80%是假的，以致顾客吃坏了肚子，而因为它们只是快餐平台而非快餐店，故而声称不负有责任，这样的声明合理吗？

面对这样的争议，脸书一位发言人的回答是："脸书不能做自己网站内容信息的仲裁者。"笔者认为，至少其可以尝试这样去做。目前脸书是全球最大的社交网络，覆盖67%的美国成年人。每天越来越多的人在脸书上阅读新闻信息，其实际上已经是世界最大的新闻媒体公司。

那么一家新闻媒体公司是否更有责任和义务去探索事情真相？难道这不就是新闻媒体的本职工作吗？

由于持续受到抵制，脸书引进了一些工具来打击虚假信息。如今用户可以给虚假信息做标记，而后其将被发送至新闻核实服务部。另外，脸书也通过软件来甄别潜在的虚假信息。然而就算引进了上述两种方式，如果确有虚假信息，至多会把该信息标记为"具有争议性"。鉴于政治环境的两极分化和"适得其反"效应的存在，"具有争议性"这一标签并不能说服用户让其认为那便是虚假信息。愚弄一个人很容易，但是让某人相信他被愚弄了才是真难。（适得其反：当向某人提供了与其信仰相违背的证据时，其信念反而会增强。）

人们倾向于把社交媒体看作一个中立平台——仅仅是为我们提供服务，认为自己是自主的、有思想的个体，能从谎言中发现真理。的确人们可以选择与外界的互动方式，可以选择性地去相信一些信息。但是研究发现，我们之所以会去点击一些内容是由深层潜意识决定的。生理学家本杰明·利贝特通过脑电图（EEG）表明：在一个人决定移动前300毫秒内，可检测到其大脑运动皮层的活动。人们点击信息时并没有经过考虑，只是因为大脑收到了脉冲。换言之，人类行为是由深层意识里对自我归属、认同感以及安全感的需求主导的结果。脸书充分利用了人类这些需求，通过推送用户偏好的内容使人们在其网站上投入更多的时间。用户的工作和家庭生活往往被脸书发送的消息通知所打断，比如有人给用户照片点赞等。每当用户分享一篇符合自己和朋友政治观点的文章时，其期望能获得关注。文章越激昂洋溢，获得的回复越多。

擅长于研究科技如何攻击人类心理弱点的专家——前谷歌伦理设计学家特里斯坦·哈里斯把社交媒体比作老虎机。二者共同之处在于

用户收到的奖励（回复数）并不是固定的：用户们会好奇能收到多
少赞。人们单击应用程序图标，继而等待朋友回复——1秒，2秒，3
秒……等待的时间越长收到回复时越喜悦：现在已经有19人点赞了，
一小时后会不会更多呢？用户必须时不时查看一下是否获取更多回
复。而当用户持续在线时，脸书后台会一直推送新闻消息，其中不乏
一些虚假信息。这些信息用户可以随意分享，甚至其中一些其根本就
没阅读。因为越多地分享朋友们都持相同观点的文章，用户越能获得
认同感。

推送消息这一过程脸书从不会让人类参与其中，也不对信息做任何
评价。美其名曰这样做是为了维护公正性，这也是其解雇整个热评小组
时给出的原因。让人类参与进来可能会导致一些显性或隐性的偏见。但
人工智能同样不尽客观，它总归是由人类编程设计而成，为挑选最具潜
力成为热点的文章而生。人工智能是按照点击量、编号、发布的时间这
样的顺序推送文章的，因此其并不能鉴别虚假信息，最多能根据文章的
出处把一些内容列为疑似虚假。只有作为事实查核员的人才能辨别信息
真实性以及内容的可信度。

数字化世界需要规则，脸书当然有其章程。脸书曾因删除一张越南
战场上裸体女孩从燃烧的村庄逃跑的图片而广受好评，也曾删除过挪威
首相批评脸书作为的文章。编辑能识别该图是典型的战争图像，而这正
是人工智能所做不到的。

脸书至今拒绝召回人类编辑的另一个重要但非公开的原因是——那
会增加成本。用户自己能做的事情它为什么要插一手呢？如同在一家剧
场内有人惊恐地大喊"着火了"，店家只要躲在舞台后就好了。脸书有
充分的理由不把自己看作一家媒体公司，那样不仅会增加工作量而且会
阻碍公司业绩增长。这样的事情四巨头都不会为之。

天堂还是地狱

用户作为媒体平台上的新秀，其影响力剧增，与外界建立起广泛的联系，在数亿人中引起共鸣。这种新老媒体的价值转变会导致许多岗位的消失，而且，就像任何剧变一样，会给社会带来风险。

对现代文明最大的威胁来自有着同一观念的群体：在真理缺失以及恐吓泛滥的情况下，他们能滥用并掌握媒体风向以利于该群体。令人不安的是，如今的媒体双头垄断公司——谷歌和脸书只会宣称"我们只是一个平台，不是媒体公司"。这种罔顾社会责任的做法，很容易让一些别有用心者或恐怖分子利用，激发更多对立和仇恨。

THE
FOUR

Chapter
5

第五章

谷歌

一种宗教，如果能像科学一样揭示宇宙的伟大，将得到人们由衷的敬畏。或早或晚，这一宗教定会出现。——卡尔·萨根（Carl Sagan）

萨根先生所说的宗教正是谷歌。

在人类很长的一个历史阶段，大多数人都信奉神明。天灾来临时古人会认为是上天对下界所发生事情的示警。宗教至今仍能为人类带来心灵的慰藉，前提是这些人真正信奉它。教堂、清真寺、庙宇等宗教中心的常客比其他人更为乐观，更愿意与人合作。而这两点正是人类走向繁荣的关键。而且宗教信奉者比无神论者寿命更长。

然而，在当今成熟的经济体中，宗教正日渐没落。过去的 20 年里，表明没有宗教信仰的美国人数激增 2500 万。导致这种情况出现的最重要的因素是互联网的普及，引起了四分之一的美国人宗教信仰转变。另外如今人们获取的信息和接受教育的机会越来越多，这也导致了宗教的衰弱。获得高等学历的人比高中毕业生更倾向于无神论，高智商的人往往不相信上帝的存在。在智商超过 140（极其聪明）的人群中，只有六分之一的人表明会从宗教信仰中获得满足感。

当尼采宣布苍天已死时，那不是胜利的呐喊，而是对失去道德指引的哀叹。如今我们处在一个高速发展繁荣的世界，是什么把人类这一整体连接在一起？人类如何才能生活得更加幸福，如何能学习更多的知识、发现更多的机会，如何去探寻那些令人痴迷以及困扰我们的事物？

好学之心

从古至今，人类一直痴迷于探索新知识。德尔菲的神谕曾告诫世人：人需自知。在启蒙运动时代，质疑神明不仅不成问题，而且是种高尚的行为——那是追求自由、宽容和进步的基础。当时科学和哲学繁荣发展，而宗教教义被一句简单明了的口号所挑战——敢于求知。

人类对于问题的求知胜于一切。我们想要知道配偶是否依然对我们充满爱意，想要知道孩子是否安全。对作为父母的人来说，孩子生病了仿佛宇宙崩塌。当孩子醒来，身上出现了荨麻疹，或者发高烧时，父母们总会想要确定："我的孩子会好起来吗？"而人类大脑是有逻辑的，了解完问题的相关事实后总能自己平息掉头脑中的恐惧。

谷歌能解答任何问题。在宗教出现之前，远古祖先对绝大部分周遭的事物缺乏了解。有了信仰后人们会向上帝做祷告，但大部分时候都收不到回复。如果上帝回应你了，那意味着你听到了杂音，是你的身体发出了危险信号。大部分宗教信仰者能感受到上帝的存在，但仍然迷茫不已。不同于我们的祖先，如今人类能够在事实真理中获得安全感。提问能立即得到回答，不用再胡思乱想。用谷歌搜索：如何检测一氧化碳？立马出现：有以下五种方法。谷歌甚至凸显了最优解答：以下是你需要了解的内容（字体以加大加粗的形式显示）。这样让你一眼就能看到答案，不用惴惴不安。

生存是人类最基本的本能。上帝是用来给人们提供安全感的，那些

虔诚又禁欲的信徒最相信这一点。历史上这样的例子绝不少见：为寻求
上帝的保护或得到神的指引，信徒们乞求、斋戒甚至用棍棒鞭笞自己。
"有没有部落正准备攻击我们？""我们最大的敌人将来自哪里？"神庙
前的人们一面祷告，一面把酒洒在神像前。过去我们很难知道朝鲜核武
器研究人员数量，现在只需要谷歌一下。

祈祷

　　科学家一直在寻找上帝，或者说更具智慧的生物体。在过去的 100
年间，人类投入大量的人力物力，通过发射无线电讯号，以确定是否有
其他生命体存在。例如，搜索地外文明计划（Search for Extraterrestrial
Intelligence, SETI）便是其中之一。萨根先生把这种项目比作祈祷：人们
仰望星空，向太空发送数据，等待着更高智慧的生命体做出回应。人类
期待这个"神"能捕捉到我们发送的数据，而后处理数据并给出回复。

　　当年艾滋病爆发时，加州大学圣弗朗西斯科分校的精神病学家伊
丽莎白·塔尔格（Elisabeth Targ）从 1500 英里外请来数名灵媒为 10 名
研究对象做祷告，这 10 人全是艾滋病晚期。另外有个对照组，组内也
是 10 人，只不过没有邀请灵媒来做祷告。这项研究在《西方医学杂志》
上发布，其结果让人震惊。在这项为期 6 个月的研究中，4 名研究对象
离世，无一例外全来自对照组。塔尔格医生又做了后续研究，结果显示
对照组和实验组人员的 CD4 细胞在数理统计上存在显著差异。

　　不幸的是，塔尔格医生在发表了该项研究报告后不久就去世了。她
年方 40 岁，在被检查出患有恶性胶质瘤后仅 4 个月就溘然辞世。她每
天在一片嘈杂的环境中工作——俄罗斯灵媒碎碎念超度经文、萨满教人
士做法事，还有各种巫师跳怪异的舞蹈，她是为了自己的事业而献身

的。在她死后，其研究成果并没有经受住审查。经进一步核实，在最初的研究中死亡的 4 名病人是 20 名受试者中年龄最大的。因此审查组认定，祷告对病人的有效性并不确定。

但可以确定的是，向谷歌"祈祷"肯定会有明确的回复。谷歌不在意提问者的教育背景，向任何人提供答案。只要你拥有一部智能手机（88% 的消费者是有的）或者在联网（40% 的情况下可做到）后，你所提的任何问题谷歌都会回应。如果想要了解人们提出的各种令人震惊的问题，只要登录 www.google.com，找到"关于"菜单，然后往下翻，其中有一项是"其他人都在查找什么"。

每天人类有 35 亿次目光凝聚，不是抬头仰望星空，而是低首朝向屏幕。人们不会因为问题太过幼稚而受到批评，在谷歌绝对的无知是受欢迎的——"Brexit 这个单词什么意思？""什么情况下发烧最危险？"（译者注：Brexit 为 British 和 exit 的合成词，意为英国脱欧。）或者出于好奇的问题："奥斯汀最好的玉米卷是……？"人们也会向谷歌这个"现代上帝"倾诉内心的疑问："为什么他不回我电话？""什么情况下你该离婚？"等等。

提问后马上就会有回应。在大多数人看来，谷歌的算法机器是神圣的，能把有用的信息整合起来。这家位于山景城（Mountain View）的搜索公司能给人们生活中面临的各种困扰（或琐碎或深远的问题）提供答案，减轻人们的痛苦。其搜索结果就像神灵的祝福："去吧，带上你了解的这些知识，过上更幸福的生活。"

信任

如果说苹果公司是全球最具创新力的企业，而亚马逊和脸书分别是知名度最高和员工满意度最高的企业的话，那么用户最信任的企业，无疑是谷歌。

之所以说谷歌是"现代上帝"的因素之一在于该公司了解人们内心最深处的秘密。如同一面透视镜，其不断记录人们的想法和意图。通过每次的问题搜索，人们实际上向谷歌坦白了一些不愿与牧师、老师、母亲以及好友或医生分享的事情。谷歌上出现的搜索，无论是"如何跟踪前女友"，还是"导致出现皮疹的原因"，抑或"你究竟是有不健康的恋物癖还是只是足控"，都表明人们对谷歌的信任超过任何亲朋好友。或许听起来不可思议，但这就是现实。

人们对这个搜索机器给予了极大的信任。谷歌上每6个新搜索中就有1个是之前没有人询问过的。有哪家公司或神职人员会有如此的公信力，人们愿意向他们询问以前无法解答的问题？又有哪位大师有如此大的功力，能激发这么多问题？

通过明示哪些搜索是自然生成，哪些是商户的付费推广，谷歌进一步巩固了其"上帝"的地位。这增强了人们对其搜索结果的信心，因为似乎其不受市场束缚。其结果是谷歌的"经文"（其搜索结果）在很多人看来就是真理。而谷歌一来可以借助自然搜索保持中立，二来可以利用付费推广获取利益。各方都很满意。

虽然上帝被认为无所不能，且不偏不倚，平等地爱着他所有的孩子，但他似乎没有时间回答孩子们提出的问题。而谷歌的自然搜索能提供客观公正的信息，不管提问者姓甚名谁、身处何方。自然搜索的结果仅基于用户输入的关键词相关内容。虽然搜索引擎优化（SEO）可以帮助网站展示更靠前，但其仍然是基于相关性，而且SEO至今仍是免费的。

消费者信任自然搜索的结果，因为其更具客观性，因此被浏览的次数高于推广广告。问题是谷歌已然了解了人们的各种欲望和忧虑。而商家希望向用户推荐实现其愿望（或解决忧虑）的方法时，首先商家需要了解用户的愿望（忧虑）。这时谷歌就能从中获取收益。

苹果之前有其他电脑供应商，除亚马逊之外有别的线上书店，脸书之外也有其他社交网络。同样，在谷歌之前也存在其他的搜索公司，如网上帮手杰福斯（Ask Jeeves）和隶属雅虎的 Overture。无一例外，四巨头靠着各自产品一两个看似次要的特征，逐渐在各自领域崛起并最终成为世界霸主。就像乔布斯的美学设计和沃兹的架构之于苹果，评级和审查系统之于亚马逊，图片分享之于脸书，于谷歌而言，决定性因素是页面的简洁以及不受广告商影响的搜索结果（自然搜索）。

上述的任何特征在 20 年后的今天看来似乎不值一提，但在当时它们的确让人耳目一新。谷歌在探索建立用户信任方面走过了漫长的道路。如今就算是网络菜鸟登录明亮简洁的谷歌主页时，也仿佛能听到谷歌的话语："去做吧，输入你想了解的任何事，这里没有欺诈陷阱，也不需要你具有什么专业素养。"而当用户意识到，其得到了最好的答案而不是付费最高的推广答案时，就如同找到了道路、光明与真理。这种信任感深入人心，并使得谷歌成为四巨头中最具影响力的企业。

这样的信任感不仅覆盖到其用户，同样也蔓延到同等重要的企业客户那端。谷歌竞价排名方式是这样的：如果广告商需要流量，费用是按照用户点击次数计价的。而且如果需要推广的广告商户数量下降，用户每次点击的价格就会下调，商户只需要比竞争对手愿意出的价格略高一点点就可以。如此就建立了谷歌善良的形象。企业客户相信谷歌并不贪婪，一切靠数字说话。因此谷歌同样让企业感受到了公平公正。

反观其他媒体公司的做法，大部分媒体机构不告诉客户其广告开始和结束的时间，好像编辑部和广告业务部之间有一堵高墙一样。有些媒体或许比较正派，但归根到底是金钱说话。如果客户需要定期上《时尚》杂志，那么就需要做广告。由顶级时尚摄影师拍摄的一组玛丽莎·梅耶尔（曾为雅虎首席执行官）的照片登上《时尚》杂志封面绝非偶然，同年雅虎赞助了《时尚》杂志的大都会舞会。《时尚》杂志同样会讨好广告主，其还曾在一篇文章中加入了玛丽莎·梅耶尔的特写。而之后不久，雅虎投桃报李，再次赞助了《时尚》杂志的大都会联欢晚会。

雅虎股东为玛丽莎·梅耶尔登上《时尚》杂志主页花费了 300 万美元。反观谷歌，则保持主页不受"侵犯"：只供搜索服务，另外每逢节日和其他纪念日时主页上会展示定制版谷歌图标——Google Doodles。无论广告商出价几何都不可能占领其主页。谷歌预料到互联网时代需要信任经济，而其正是信任经济的创造者之一。

在 2016 年第三季度，谷歌付费点击量增长 42%，而每次点击向商户收取的费用却下降 11 个百分点。分析师们认为这说明谷歌情况不乐观。没有公司会降低产品或服务的价格，所以价格下跌通常是市场失去动力的反映。但是他们忽略了这一事实：谷歌当年总收益增长达 23%。更为重要的是，其为广告商降低了 11% 的推广成本。事实上谷歌乐意这样做。举个例子，如果宝马每年大幅改善其汽车，而售价却下调 11 个点，会出现什么情况？汽车行业的其他同行将很难跟上其步伐。没错，除了脸书之外，媒体行业的其他公司已经落后一大截了。

2016 年谷歌全年营收 900 亿美元，并拥有现金流 360 亿美元。美国国会多次讨论是否要对那些表现远超标准普尔指数的公司额外增加税收。但是谷歌却不在议论之列。许多宗教信仰认为，直视上帝会万劫不复。任何试图干涉谷歌发展的国会议员，其职业生涯可能会有同样的命运。

同其他三巨头一样，谷歌不会提高其产品及服务的价格，反而是尽量下调。大多数公司会提高产品价格，它们花费大量的时间计算能向消费者收取的最大费用，从而获取超额利润。谷歌刚好相反，这正是其年复一年保持大幅增长的原因。如同其他三大巨头一样，谷歌通过抢夺同行的市场份额来获取利润。而更具讽刺意味的是，受害者引狼入室，让谷歌抓取其数据。如今，谷歌市值相当于紧随其后的八家媒体公司的总和。

很少有人能明白谷歌的具体业务或伞形公司存在的意义。伞形公司成立于 2015 年，旗下拥有谷歌风投（Google Ventures）、谷歌 X（Google X）和谷歌资本（Google Capital），另外谷歌也是其子公司之一。人们对苹果有所了解——公司围绕电脑芯片来制造优雅的产品；也了解亚马逊的运作——可以在上面以较低的价格买到商品，然后机器人会分类揽件，最后快速运送到客户那里；脸书就更清楚了——一个充满广告的朋友网络圈。但很少有人知道控股庞大搜索引擎企业的伞形公司内部是如何运作的。

市值
2016 年 2 月

信息来自：雅虎财经．访问于 2016 年 2 月 https://finance.yahoo.com/

少数派报告

2002 年汤姆·克鲁斯（Tom Cruise）主演的电影《少数派报告》中描绘了三个超自然的人，他们如同预言家一样，能预见未来并预测犯罪行为。而罪犯在实施犯罪前就已受到了警方的惩罚。3 名"先知"中有一名能力最强，偶尔会看到不同于另两人的未来画面。这个未来画面就存放于"少数派报告"中。

而谷歌则是更为优秀的"先知"。以下是人们在谋杀前在谷歌上输入的查找内容，可惜都在案发后才被当局发现：

"颈部迅速扭断。"

"当某人惹你生气时，是否应该杀了他？"

"误杀及谋杀平均刑罚。"

"致命的地高辛剂量。"

"怎么样才能在别人睡着时将其杀死，而且事后不会被怀疑是谋杀？"

相较于谷歌日益增长的"预测"能力，2016 年苹果公司拒不执行法院解锁罪犯手机指令这一事实显得不值一提。谷歌的人工智能通过分析"搜索最多的内容"和其他一些包括人们动态的数据信息，可以高效地预测犯罪、预防疾病和分析股票市场。有些人保存在智能手机上的信息就足以将其定罪逮捕。那些蛇蝎心肠的人所搜索的信息可以预测其将要实施的疯狂行动。了解人们的意图从而预测其行为，政府、黑客以及一些公司的流氓雇员都喜欢这种操作。

人们的谷歌搜索历史记录实际上向谷歌揭示了其不想让任何人知道的信息。用户天真地认为除了上帝，无人能窃听自己内心的想法，但是，谷歌也是"上帝"。

至今为止，谷歌一直密切关注着用户害怕被人知晓的信息，但不会加以利用，虽然其算法的强大预测能力能做到这点。该公司最初的口号是不作恶（Don't Be Evil），它的提出只是为了强化这位"上帝"的神圣与仁慈。更甚一步，谷歌把现金贷公司、白人至上主义者以及任何收取利息超过36%的贷款公司驱离其网站，把它们流放到外面的黑暗中，一个未知的世界，（政府）难寻其踪。

或许最大的罪过是试图愚弄上帝，意思是玩弄谷歌的算法技术。谷歌上每天会进行35亿次搜索，按道理每次用户搜索内容时，其搜索算法会优化 1/3500000000。但事情永远不可能这么简单，2011年《纽约时报》揭露了这一事实。一位杰西潘尼公司的业务顾问创建了成千上万个虚假链接，使杰西潘尼公司的网站看起来更具相关性（就是说搜索其他网站也会出现该公司链接）。这个错误信息让谷歌的算法把杰西潘尼公司的网站展示在搜索结果的前排，从而提高了该公司销售额。在《纽约时报》揭露了这一优化方案后，杰西潘尼公司立刻感受到了"上帝"的愤怒。当再次搜索该公司时，其网页似乎被算法遗忘了，出现在搜索结果的第二页。这相当于把该公司丢到了大西洋彼岸。

上帝令人敬畏的力量之一在于：它不仅了解人们做了什么，而且知晓人们想做什么。人们可能不曾向任何人吐露心声，但于许多信徒而言，上帝能勘破一切。当我们从购物中心走过时，上帝了解我们对托利·伯奇·朱莉（Tory Burch Jolie）高跟鞋或博士牌系列耳机的渴望，他也知道你喜欢有文身的女生。上帝甚至会关注，记录下人们的欲望。

用户的搜索内容表明了其秘密意图，从而为谷歌广告业务提供了极大的便利。传统市场营销把客户贴上标签进行分类：拉丁人、退休人员、运动迷、足球妈妈等等。而每个类别作为一个整体，其中的人员被认为是无差异的。正如2002年间，富有的白人小区里每个居民都穿着工装裤，听着莫比的音乐，开着奥迪。但是谷歌出现之后，通过人们的搜索内容、上传的照片、发送的邮件以及用户提供的其他信息，便能确定每个个体的困扰、目标以及欲望。上述信息对"上帝"的广告业务助力极大。谷歌可以为用户提供定制化的广告——更为贴切、友善。

尽管有人说市场营销像一门科学，但市场营销很大程度上是研究并改变人们行为的一门艺术。它让顾客认为其产品更加优秀从而选择自家的产品而非竞争对手的。谷歌把这种艰难且耗时耗力的任务交给广告商，其只需把广告主所需的信息出售给其中出价高者。谷歌的优势还在于，其可以通过 AdWords（关键词竞价广告）把消费者与商户连接配对。当人们在网页上搜索"卫城之旅"或者出于好奇输入"希腊群岛"时，谷歌便能向用户推送旅游公司的广告。

旧神:《纽约时报》

如果说谷歌在互联网时代堪称知识之源的"上帝"，那么在传统经济时代,《纽约时报》（以下简称时报）便是知识领域曾经最接近"上帝"的神祇，其长期使用的口号——"刊载一切适合出版的文章"——表明了时报的雄心壮志。时报每日会对重大事件或公众应该清楚的事件做出评论。当然，时报肯定会有其偏见，这点任何一个人类组织机构都不可避免。但时报工作者会为自己自豪，因为他们一直在抑制偏见的产生。他们维护西方进步价值观，引导公众远离糟粕文章，包括色情内容、商业推广以及伪装成新闻的广告等。

时报编辑们帮人们塑造世界观。每次时报刊载的头版新闻，都会成为电台、无线广播以及世界各主流媒体引导世界观的素材。其纸质版在全世界发行，40% 的国家领导人订阅了时报。而电子版自不必说，脸书和推特上均有转载。

从事新闻行业不仅辛苦，且有时会有危险，因为其本职是揭露真相而非迎合商业。在这方面时报做得比世界上任何一家媒体企业都要好。虽然编辑们才能卓越，且愿意承担风险，该报刊却越来越不能体现公司真正的价值。

相较于时报管理层，谷歌和脸书就非常善于利用时报编辑们来获取价值。笔者认为，如果时报禁止谷歌或脸书平台转载其文章，这两家年轻企业的市值至少会下降1%。时报大幅地增加了这些平台的公信度，但其收到的回报却微乎其微。

时报的变迁

如今谷歌扶摇直上，而时报却萎靡不振。但在2008年，二者差距并没有这么大。虽然当时谷歌已经步入正轨，市值超过2000亿美元，但时报也占据极其重要的地位。2008年平板电脑刚上市3年，而第一代iPhone也已发布。未来已来，各平台和电子设备需要内容，而时报恰好拥有最优质的内容。如果谷歌被禁止转载时报文章，那么相对于任何一家拥有时报内容的企业（尤其是时报公司本身），谷歌都会处于一定的劣势。

当时笔者便认为时报的内容在数字化时代可以并且也应该价值数十亿美元。通过与两名拥有金融学背景的纽约大学斯特恩商学院学者进行合作，笔者对时报公司各方面做了评估。得出的结论是：这家市值50亿美元的企业被标上了30亿美元的价格。笔者找到合作伙伴——先驱资本（Harbinger Capital Partners）创始人菲尔·法尔科内（Phil Falcone），而后依靠其基金公司注资，我们成为时报公司大股东并取得董事会席位，引导公司改革创新。

菲尔在明尼苏达州长大，兄弟姐妹共 12 人。在成为对冲基金经理之前，他是哈佛大学的曲棍球明星。菲尔性格内向但极其专注，2006 年他是少数几个不看好信贷市场的投资者之一，并针对该市场下了极大的赌注。在那次豪赌中，菲尔为其投资者获取了数十亿美元的收益。但先驱资本的办公地点装饰简陋，樱桃木无人修剪、人工植被劣质不堪，交易大厅里的风扇陈旧过时。就像建造在荒郊野外的希尔顿酒店，毫无吸引力。

当时笔者向菲尔提出了对时报公司的想法：示敌以弱然后再反击。笔者提议时报出售其 10% 的公司股份给谷歌前首席执行官埃里克·施密特，并委任埃里克为时报首席执行官。这便是示弱。笔者认为埃里克有财力收购该报刊 10% 以上的股份，而且这样做对其有益。埃里克此前的首席执行官职位被拉里·佩奇接替，从而"一跃"成为谷歌董事长。

笔者还认为当时的埃里克相比以前更能接受另一个不同的想法——拯救美国新闻业。而且这样做其有机会从中大赚一笔，当然不至于达到四巨头的收益规模。另外笔者至今仍坚信如果时报任命埃里克为公司首席执行官，公司市值会大幅提升。

示弱之后接下来该反击了。时报应该立即停止授予谷歌的转载权，而且今后禁止谷歌以及任何媒体企业，染指其文章内容。随后若谷歌或其他互联网公司需要获得时报的内容转载许可，其所支付的费用必须高于任何第三方的报价。即若谷歌、必应、亚马逊、推特以及脸书都想其用户可以无限制地访问时报内容，时报只授权给其中出价最高者。

笔者这一策略可以再延伸到时报之外的其他媒体。设想组建一个新闻报纸联盟，成员包括《纽约时报》《华盛顿邮报》《泰晤士报》《新苏黎世报》，德国媒体巨头斯普林格集团等各大主流媒体。这一群体将代表西方最为优质、最具差异化的媒体内容。

　　这是传统媒体阻止行业衰弱、挽回之前损失的数十亿美元市场的唯一机会。另外虽然传统媒体不可能永远维持下去，但对类似微软必应的搜索引擎而言，传统媒体可以在对抗谷歌上为其提供极大的助力。必应在搜索市场所占的份额为 13%，这一定程度上是因为其获得了品牌报刊如《经济学人》《明镜周刊》的独家授权。这意味着差异化的媒体内容的确价值数十亿美元。

　　如今，整个搜索产业市值 5000 亿美元。部分人认为远不止于此，因为亚马逊严格来说也属于搜索行业，是配备仓库的搜索引擎。这样算来，搜索行业 1% 的市场份额意味着超过 50 亿美元的市值。当时笔者的进一步设想是：报刊联盟向这些搜索公司（财团）出租内容。而那些基于报刊内容创造了巨大财富的科技企业，就会面临市场竞争压力。这正是进一步的反击。

　　在 2008 年房地产业泡沫加剧、线上广告泛滥的情况下，报刊买卖生意却很红火，背后有各方资本角逐。鲁珀特·默多克刚以 50 亿美元收购了《华尔街日报》，而《纽约时报》股权交易时市盈率极低。

　　此外当时还有其他买家在四处打探消息。笔者从两个渠道都了解到纽约市长迈克尔·布隆伯格正考虑收购时报。看起来似乎是任期已到，迈克尔将要下台，而时报恰好是其卸任后最适合参与的项目。迈克尔能够利用其掌握的金融信息，将时报融入数字化时代大潮流，并从中为股东创造数百亿美元的价值。（"任期已到"对于类似迈克尔这样的大人物来说并无多大意义，迈克尔将会继续强力推动市议会以寻求其再一次连任。）

　　最终，就算收购后运营不善导致破产，纽约时报公司也拥有以下可以出售的财产：

● 美国第七高的建筑物

● 域名：about.com

● 波士顿红袜（职业棒球队）17% 的股份

上述资产会被金融界看作报刊资产，意味着其估值是以报刊公司收益为基准。如此一来估值较低，资产处置时有利于股东。也就是说，通过分析时报的各项资产，得出这样的事实：购买时代公司的股票，单就其拥有的上述资产而言股东就物有所值，而对公司的报纸业务而言，完全就像是免费得到的。

笔者的计划还包括：游说时报董事会停止股息分红。每年该报刊支付给股东的红利总共高达 2500 万美元，这部分资金本可以用于支持公司创新。就笔者看来，公司分红无非是阿瑟·苏兹贝格和丹·金为继续掌管祖辈的企业——时代公司，对家族成员的一种笼络。二者每年获得的分红为 300 万至 500 万美元，家族其他成员也想从中分一杯羹。

菲尔的先驱资本和笔者的法尔布兰德基金（Firebrand Partners）联手投入 6 亿美元购买了时报公司的股票，占股 18%，从而成为该报最大的股东。我们联合宣布希望占有 4 个董事会席位，并将推动股东们投票选取一批志同道合的创新者进入董事会。其后将促使时报出售非核心资产并在数字化领域加倍资金投入。如果把先驱资本比作强壮的肌肉（资本雄厚），那么法尔布兰德基金就是大脑——领导时报反击，改革董事会，制定公司资本配置的战略和决策以及解放时报价值等等。

我们的计划在时报内部遭遇了抵抗。在与公司管理层第一次与会时，笔者阐述了自己的想法。而后阿瑟·苏兹贝格愤怒地表示："你们所提的想法我们之前都有考虑过！"尽管如此，笔者并不认为管理层不需要帮助。而时报大楼外的 41 号街那时耳目众多，笔者还是低估了媒体对其同行的关注。在笔者阐述时报战略后的 24 小时内，在纽约大学我的班级外就有狗仔队了。

媒体同样乐意抨击时报发行人兼董事长阿瑟·苏兹贝格。一位路透社记者曾在晚上 11 点给笔者来电。他最近在写一篇有关苏兹贝格家族动态的文章，希望笔者能透露一些与时报管理层冲突的任何信息，否则第二天他将被解雇。

该记者还精心制作了阿瑟·苏兹贝格的家庭成员树——表兄妹、近亲等，其详细程度简直令人毛骨悚然。很明显，社会媒体很关注媒体拥有者的感受。

笔者和阿瑟·苏兹贝格从一开始就打心眼里不喜欢对方。我们的世界观不同，因此处理问题的角度完全不一致。笔者毕生都在追求成就感，很担心这一梦想永远都不能实现。而对阿瑟·苏兹贝格而言，他每日担忧的是失去成就感。这里需要明确的是，阿瑟·苏兹贝格实际上是时报的首席执行官。虽然名义上这一职位属于珍妮特·罗宾逊（Janet Robinson），但那只是阿瑟·苏兹贝格想摆脱首席执行官烦琐的日常工作——解雇员工、主持财报会议等而做的特殊安排。公司大方向都是阿瑟制定的，阿瑟享受的正是首席执行官的待遇。

苏兹贝格家族和其他媒体家族一样，采用双重股权结构来确保其在公司的掌控权。这是因为媒体在社会中扮演着特殊的角色，不应受制于股东的短期思维。大部分媒体家族会向谷歌、脸书、有线电视台等出售股份，从而维持其家族的统治地位。

而时报并不属于上述媒体中的一员。苏兹贝格家族坚定地致力于发展新闻业。而且在了解阿瑟·苏兹贝格后发现，很明显，其首要考虑的问题并非时报的财务状况，而是时报对世界深远的影响力——时报管理形式。我想阿瑟·苏兹贝格经常会在身冒冷汗中醒来，担心会像其堂兄一样，失去对时报的继承权。

因此，虽然苏兹贝格家族同其他新闻业家族一样占据少数股权——18%，但其在董事会拥有 10 个席位（总共 15 个）。这意味着像笔者这样的改革者必须煽动一大群他的亲朋好友站在我们这边。在交换了对数字化发展及资本配置的意见后，我们继续与股东会面以评估支持率。年度会议就像大选一样，股东（A 级股东）可以投票选取在董事会代表他们的人。我们遇到的大多数股东都厌倦了时报的管理模式，觉得领导层对公司管理不当。这一切表明公司需要进行变革。

接下来的一周时间里，时报首席执行官珍妮特·罗宾逊和董事比尔·肯纳德（Bill Kennard）要求在笔者不出席的情况下同菲尔会面，以确定笔者和菲尔是否在时报战略上达成一致。这意味着他们知道自己在股东大会上将不会得到支持。笔者认为菲尔应该要求在董事会占有四个席位。但菲尔说应该表现一些诚意，并满足于拥有两个席位。这是个错误的决定，因为我们需要更多的声音来打破董事会固有的思维，从而让阿瑟或珍妮特在会议中不再占据主导地位。

时报公司立即同意了菲尔的要求，但有一个条件：两个董事席位中不包括笔者（笔者和阿瑟相见两生厌）。但菲尔意识到，笔者善于在董事会进行斗争，而在季度会议增选董事时又不会得到尼克·克里斯多夫（Nick Kristoff）和托马斯·弗里德曼（Thomas Friedman）的支持。考虑到推动公司变革的需要（另外董事有 20 万美元的津贴和期权），菲尔向时报提出笔者出任董事的要求，最终时报默许了。

在 2008 年年会上，笔者和吉姆·科尔伯格（Jim Kohlberg）在一次不寻常的股东大会上当选为董事会成员。会后阿瑟要求单独跟我谈谈。他带我进了一个房间，问我会议上带来的摄影师是谁，但实际上我没带任何人来。在接下来的一个小时里，他再一次把我拉进一个房间，要求告诉他那个摄影师的身份。我越来越生气地回答道："我真不知道，别再问我了。"我不知道阿瑟是看到幽灵还是因为一位不请自来的客人挤进他的会议室导致他出现幻觉，会议上根本没有摄影师。

这只是笔者和阿瑟认识过程中的小插曲，但反映了彼此之间的不信任，而且相互看不起对方。他认为笔者是个骑在他头上的野蛮人，根本没有资格进入时报董事会。而笔者认为他是个愚蠢的富二代，缺乏商业判断力。在接下来的几年里，我们彼此将会证明谁是对的。

阿瑟是完完全全的时报人，其 DNA 深刻融入时报的黑白色中。很难想象阿瑟在时报大楼外的样子。笔者曾经在德国的一次会议上见过他，就像在 6 号地铁线上看到一只长颈鹿——与外界如此格格不入。

正如读者可能早已猜到的那样，笔者并没有说服董事会罢免首席执行官珍妮特，从而让对技术和媒体交互有深刻理解的埃里克·施密特担任这一职务。没有人想担任首席执行官这个角色来代替阿瑟。我又是个新进的股东，没人会采纳我的建议的。

几年后，一位科技公司的首席执行官接管了一家病入膏肓的报刊企业。即在 2013 年，杰夫·贝佐斯收购了《华盛顿邮报》(简称邮报)。在收购之前，每次季度会议上该公司向投资者汇报日益下降的收益数据时，总不可避免会出现流血事件。此次收购有利于消除这种冲突。贝佐斯不仅向邮报注入了大量的资金，而且把该报刊搬上了互联网。其后邮报线上流量 3 年内翻番，远超时报。而且邮报还开发了内容管理系统(CMS)，将其内容租给其他新闻机构。据《哥伦比亚新闻评论》披露：CMS 每年为邮报贡献收益达 1 亿美元。从此邮报返老还童，同亚马逊一样，获得了大量的廉价资本以及投资者长期的信任。

笔者在时报的董事同事们对此却不以为然。远在笔者进入董事会之前，他们就认定：应对互联网挑战只需要收购一家线上玩家（企业），并把自己的商业模式拓展到整个互联网。

About.com

2005 年，纽约时报公司收购了 about.com——一家分类信息网站。为读者提供从修剪树木到前列腺疗法的所有专业信息，就是所谓的"内容农场"。内容农场之所以是一种成功的商业模式，在于其网页设计围绕一个首要目标：用户生成内容信息后通过谷歌 SEO 优化，之后会出现在谷歌搜索结果的首页，引入大量流量进而售卖广告。

说时报并非一家创新企业并不客观，至少它曾经是的。about.com 被收购后时报成为一家集视频、图片以及文字内容信息为一体的领先网站。但其线上增长大部分来自 about.com，而该网页内容平庸，只不过借助谷歌获取了大量的点击量。就像坐在犀牛屁股上吃螨和蝉的非洲鸟类一样，时报落座的是四巨头之一的谷歌。这点时报管理层也认同，但是把企业的发展交给谷歌算法极其危险。犀牛只需甩甩尾巴就能把这只食腐鸟击倒。

about.com 的收购价为 4 亿美元。随着该网站从谷歌上获取数十亿的点击量，这一收购案一度被认为很划算。到笔者进入时报董事会时，about.com 市值已上升到将近 10 亿美元。那时该网站是优质的资产，笔者游说董事会将其售卖或者上市。about.com 的管理层也认为这是个很好的想法，他们渴望像一家真正的互联网公司一样得到认同与尊重，而 about.com 这种模式已经让他们厌倦了。在这个过程中笔者犯了一个大错误：在一次 about.com 的高级管理层同样在场的会议上，笔者建议售卖该网站或促使其上市。这是不负责的言论，就像你跟一群七八岁的孩子说：谁想去欢乐谷？但实际上你并不确定能否购到票。

　　阿瑟·苏兹贝格和珍妮特·罗宾逊并不想失去该网站。他们忙于用 about.com 作为时报在数字化领域的补充，以此向投资者和股东们证明时报有数字化战略——能带来收益且有望继续增长的 about.com，表明他们并没有对未来视而不见，而是已经开始拥抱未来。当时时报数字化领域带来的收益仅占公司总体的 12%，而出售 about.com 后该数字还将进一步缩小，如此一来时报完全就是一家报刊企业了。

　　在游说出售 about.com 的同时，笔者在董事会议上还建议禁止谷歌访问时报内容。当时笔者就发现谷歌已经在侵蚀时报股东的利益，如果再不加以抑制，随着谷歌缓慢但却有序的侵蚀，时报终将消亡。然而其他人认为这是互联网时代下的互联互通，企业之间是共生关系。在他们看来，谷歌获得了时报的内容，但时报也得到了谷歌的流量。

　　一次董事会议让笔者印象尤其深刻。当时一名时报记者在阿富汗被绑架，随后被英国突击队解救出来了。但一名英勇的士兵在这次行动中牺牲了。突击队指挥官给阿瑟·苏兹贝格写了一封感人的信件，阐述了为什么值得付出这么大的代价——为什么新闻业如此重要。阿瑟·苏兹贝格在会议上通读了全信，通读期间他时不时停顿下来让我们思考——新闻、牺牲、尊重、立场、地缘政治、仪式等等。他就像苏丹平原上的长颈鹿，不停地转动耳朵寻找声源，直到断定平安无事，才继续吃食。阿瑟在这方面很在行。

　　在我们为从事新闻业感到骄傲、对献身者表示崇高敬意的同时，谷歌借助爬虫技术进入我们的服务器抓取时报的内容，如同时报编辑进时报大楼吃饭那般容易。

　　谷歌不仅能免费抓取时报的内容，还能为其用户提供定制的（时报）片段内容信息。如果用户在网页上搜索巴黎的酒店，谷歌会推送时报上有关巴黎旅游的文章。而在该搜索页面的最顶端，谷歌会展示四季酒店的广告信息。而对时报来说，这种安排可以为其带来大量的流量，如此一来就能吸引广告商在时报上购买横幅广告。听起来似乎不错，但这不过是在坟地起舞。

难处在于：谷歌在处理这些搜索信息时，也在了解用户行为，比时报更能了解读者现在或者以后的需求。这意味着谷歌对时报读者的广告推送远比时报精准，从而获取 10 倍于时报的广告收益。时报这是在用百元大钞换 10 元纸币，何其愚蠢，我们本应该在自己的网站上推送广告。

我们的销售团队很平庸，商业模式也越来越不行。时报如今唯一有价值的是内容，以及生产内容的专业团队。然而，时报仍然决定在各个渠道平台上展示其内容以获取更多的流量，而非关停平台展示（或者起诉任何转载其文章的数字化平台）以达到内容的稀缺性。这种做法无异于爱马仕为获得客流量去大众市场售卖其限量版 Birkin 包。这就犯了现代商业史上最严重的错误。把优质的东西放到各种杂乱的网站，而且在这些网站上阅读时报的内容，用户需要支付的费用反而比时报官网要低。

笔者性格坚毅，掌握大量的数据信息，是时报最大的股东。曾幻想有一天，一名老教授帮助时报重新崛起的事迹能成为案例研究。笔者向董事会建议：禁止谷歌的爬虫系统抓取时报内容并创建一个全球性的优质内容联盟。在随后的一小时里，董事会的确对该提议进行了一场半严肃的辩论。事实证明时报管理层中大多数血统高贵的中年大人物对技术一无所知。值得称赞的是，珍妮特认真对待了这个建议，并说管理层将评估我的建议。

几周后，董事会收到了一份经过深思熟虑的内部通知。结论是时报不应该禁止谷歌的行为，因为这一做法可能会激怒谷歌，而 about.com 需要依靠谷歌导流。如果我们关闭谷歌，谷歌可能会通过调整其算法来反击，在搜索结果上将 about.com 打入炼狱。

简而言之，这就是集团公司的问题所在——内部创新会进退两难。往往为兼顾各个部门的发展而忽略了企业整体的发展，时报和 about.com 都面临这一困境。从某种意义上说，我们和谷歌是互利互惠。谷歌依靠时报的内容吸引了数十亿点击量，而时报使用它们的搜索算法来引入流量。但是两者中显然谷歌拥有更大的权力。它如同地主一样统治着互联网的一个关键领域，而时报就相当于那块草地上的佃农。我们的结局从一开始就注定了。

一段时间后，在 2011 年谷歌终于厌倦了包括 about.com 在内的内容农场的滑稽行为，把它们驱逐而去。这家搜索巨头进行了"熊猫算法"更新，自此大部分内容农场得到的流量极其微小，昔日红火的生意不再。仅仅一次简单的调整，谷歌就沉重打击了时报。将数百万的在线广告收入转移到了其他网站上，使得 about.com 市值大幅缩水。时报会担心激怒谷歌，而谷歌则完全不同。谷歌只会按照公司长远发展的需要去做决策，并不会考虑时报的感受。在算法更新前 About.com 市值 10 亿美元，而仅在更新后的第二天，其市值严重缩水至不到 5 亿美元。一年后，时报集团以 3 亿美元的价格出售了 about.com，比当初的收购价低 25%。笔者很确定：是否会"激怒" about.com 的母公司时报集团，并不是谷歌追求其股东长期利益过程中要考虑的因素。

上帝能给你提供建议，也能让你有影响力；必要的时候，上帝同样能掌控你的命运。但正如古希腊神话反复教导世人的那句话：与上帝同榻必然没有好结局。

笔者在时报集团的任期并不成功（保守陈述）。我的建议几乎没能促使公司做出改变。时报确实出售了非核心资产，并决定在 2009 年取消股息分红。然而，在 2013 年 9 月，时报恢复了分红制度——再次表明董事会牢牢地被苏兹贝格家族所控制。后来由于经济大萧条严重影响了时报广告收入，其股票大幅下跌，菲尔决定售卖时报股票以减少其损失。而笔者之所以能在时报集团出任董事正是由于菲尔掌控着股份。因此当这部分股份份额逐渐缩小时，笔者从一些董事那里得知自己已被罢免董事职位。在阿瑟给笔者留了一封语音邮件让我给他回电话后，笔者从时报集团辞职了。

结果是原先投资于时报的 6 亿美元（菲尔基金提供的资金）变成了 3.5 亿美元，很大程度上是笔者的过失。作为董事会补偿的一部分，我们获得了期权。属于笔者个人的部分价值 1 万至 1.5 万美元。只需要简单填写一些表格就可以了，但最终笔者放弃了这部分收益，因为这不是我应得的。

新神崛起

上帝有三大特性：无所不知、无所不能、永生不朽。三者之中，谷歌仅仅一定程度上满足第一点。如果说苹果公司通过转变成一家奢侈品公司实现了某种程度的不朽，那么谷歌的成就正好相反：它把自己打造成了一家公共事业公司。它无处不在，但在日常生活中又不易被发觉。同可口可乐、施乐和宝洁一样，因为担心"谷歌"会成为一个动词，该公司越发需要加强其品牌名称的合法性。而且因为它操纵市场能力之高，在国内外的反垄断诉讼中始终处于危险之中。欧盟似乎对该公司尤其怀有敌意，自 2015 年以来共向其提出了四项正式指控，指责谷歌相对于竞争对手具有不公平的优势。作为一家总部不在欧盟但却占据欧盟搜索市场 90% 份额的企业，谷歌对那些负责市场监管的官员来说的确是一个很有吸引力的目标。

针对最近的一份反对声明谷歌庄严地回应道："我们认为公司的技术创新和产品改善会给欧洲人民带来更多的选择，从而促进竞争。"

尽管谷歌是四巨头中最能操纵市场的企业，但其同时也最容易受到攻击。这或许就是为什么谷歌在四巨头中似乎最容易消失在聚光灯下，成为最先衰退的企业。当特德·威廉姆斯在最后一次击球后拒绝走出球门向观众表示感谢时，约翰·厄普代克写下著名的一句"上帝不会谢幕"。最近，谷歌似乎更愿意保持低调，但绝不是谢幕。

谷歌公司成立于 1998 年 9 月，那时斯坦福大学的学生谢尔盖·布林和拉里·佩奇设计了一个名为搜索引擎的新型网络工具，它可以跳过互联网直接搜索关键字。但决定性的一步是聘请了埃里克·施密特担任公司首席执行官。施密特先前是一名科学家，后来转而从商。其曾在太阳微系统（Sun Microsystems）和诺韦尔（Novell）这两家公司担任首席执行官，不过这两家企业都在与微软的竞争中失败了。施密特发誓再不会让此事发生。作为一名伟大商界领袖，施密特有一个关键的特质——凶悍好斗。自此比尔·盖茨成为其追逐的大白鲨，而谷歌就是其捕鲸船"皮廓德"号。（译者注：此处参见《白鲸记》。）

如今人们可能遗忘这一事实：在谷歌出现之前，微软未曾一败。微软公司是最早出现的互联网巨头，数百家企业曾向其挑战。甚至拥有科技史上最早的产品之一（浏览器）的网景公司也在斗争中灰飞烟灭。微软正在复兴，向人们展示笨重的大象依然可以起舞。

谷歌真正能实现盈利的可能只有一款产品，但这并不影响其改变世界。公司以往的战略非常正确。呆萌的公司名称、简洁的主页、不受广告商影响的搜索结果、可爱的创始人以及表现出的对其他市场领域明显没有兴趣，所有这一切都是为了吸引日常用户，同时于潜在的竞争对手而言似乎其不构成威胁（等到发现其巨大的威胁时为时已晚）。谷歌仅通过展示员工在他们的小房间里与狗睡觉的图像，以及类似《爱之夏季》的哲学思想（如公司口号"不作恶"）就强化了其人畜无害的形象。

但在幕后，谷歌正在实施商业史上最雄心勃勃的战略之一：采集世界上所有的信息。尤其是会抓取和控制当前存在于网页上或可以移植到网页上的任何信息。并且由于该公司完全专注于此，这一项目已经完成。谷歌从网站上现有的信息开始。虽然它对这些信息没有所有权，但这却是用户接触信息的渠道。之后，该公司收集了所有的位置信息（谷歌地图）、天文信息（谷歌星空地图）、地理信息（谷歌地球和谷歌海洋）。再然后开始抓取每本绝版图书的信息（谷歌图书馆项目）以及新闻媒体内容（谷歌新闻）。

由于搜索技术的隐蔽性，谷歌对世界上所有信息的抓取都是公开进行的，等到潜在的受害者发觉时为时已晚。最终，谷歌对信息的掌控非常完善，给竞争对手制造了一道巨大的行业壁垒（看看微软旗下的必应那微不足道的业绩）。因此该企业对信息的绝对掌控会持续很长一段时间。

地球上的每一家公司都羡慕谷歌占据了数字化世界的中心位置，但现实却没有想象中那么美好。抛开公司成为老新闻的可能性，国会和司法部可能会认定搜索引擎是一家公用事业单位，并对其严格监管。

当然谷歌离这一命运还很遥远——请注意，其真正意义上只有一个业务。谷歌有搜索业务（优兔也属于搜索），然后还有什么？安卓系统？但那只是施密特为对抗 iPhone 而设计的智能手机标准系统，而其最大的竞争对手来自其他公司。所有其他的业务——无人机、自动驾驶汽车等都是为留住用户而设计，或者说是为了鼓舞员工而设置的。

到目前为止，所有的这些业务对社会的贡献还不如微软日渐衰落的 IE 浏览器。

谷歌和微软在一些方面有相似之处。微软在其巅峰时期因拥有最令人难以忍受的混蛋雇员而在美国商界臭名昭著。他们傲慢、自认为高人一等。而且因为对典型的高科技行业的误解，完全相信是运气和时机造就了天才的成功（比如盖茨是名天才，但因为运气和时机把握得好，从而造就了微软）。然后，当微软上市后，长期雇员放弃了其股票期权，离开成千上万名同事去追求天才成功之路——结果喜忧参半。

最后，当美国证券交易委员会（SEC）和美国司法部打来电话时，微软已重创了一家又一家满怀梦想的年轻公司。突然之间微软曾经的员工不想承认曾为这个邪恶帝国工作过。其结果是微软流失了大量高智商人才，因为不仅老员工离去了，年轻人才也不想再为其工作。因此即使微软有好的产品创意也无法去执行实施。这就好比大脑想去做一件事，但四肢无力。如今就连比尔·盖茨也投身慈善事业了。

谷歌还没有步入微软的地步。这家搜索公司仍然以拥有历史上智商最高的团队而自豪。谷歌员工清楚自己天赋异禀，但仍希望看到来自 60000 名同事的有趣想法。（该公司以要求员工每周投入 10% 的时间来思考新创意而闻名。）

然而，归根结底，这可能并不重要。互联网将长期存在，而谷歌的核心业务可能会继续增长，大概率是加速增长。人类对知识的追求永远不能满足，因此当人们埋头看向手机时，其正向"上帝"谷歌祈祷。

THE
FOUR

Chapter

6

第六章

谎言

　　"窃取"是高成长型科技企业的核心竞争力。企业家在美国文化中占据着特殊而崇高的地位，因此人们不愿相信这一事实，反而认为他们是向巨头、老牌公司挑战的革新者，为人类带来了新技术火种。然而真相并没有想象中那么美好。

　　巨头当然不是一开始就占据了行业主导地位，它们是从一个简单的想法或者是某个人宿舍里的项目发展而来。事后看来，其发展似乎是显而易见或者理所应当的，但在当时不过是创始人出于兴趣做了一些事情而已。就像看待职业运动员一样，人们倾向于关注少数成功运动员的故事，却忘记了还有成千上万的普通参与者。而实力强大、财力雄厚的公司看起来并不像是从车库或者宿舍转变而来的暴发户，尤其是在公关部门改写了公司创始神话之后。这种转变发生在企业初始阶段，原因是创始人为了保持企业活力。

　　做出改变是必然的。部分因素是市场环境一直在变，因此企业必须学会适应新环境，否则其将面临倒闭。另一方面，不同于拥有品牌知名度、市场份额以及资产的老牌企业，初创公司一无所有。因此当其欺骗、偷窃或者满嘴谎言时，容易逃脱制裁。在初创公司真正成长起来之前，司法部很少会关注其运营情况。历史是由成功者书写的，当初创公司成为巨头后，他们不会说以前窃取过某某公司的创意，而是说受其启发。

巨头的"窃取"方式有两种：一种是拿来主义——从其他公司窃取知识产权并将其重新利用以获取利润。而一旦其积累了大量的知识产权，便会恶意地加以保护。第二种是从他人营造的资产中获利，而这种盈利模式是资产所有者无法采用的。第一种方式意味着巨头在公司初始阶段不需依靠其本身的智力团队去开拓创新，但一旦有别的企业企图模仿，其便会以受害者的身份将模仿者诉诸法律。第二种方式给企业家们提了个醒：所谓的先发优势通常情况下并不是一种优势。行业先驱们冲锋在前，往往战死沙场。而作为后来者的巨头便能汲取前辈的养分发展壮大——从前者的错误中吸取教训，收购其资产，并获取它们的客户。脸书之于聚友网，苹果之于施乐奥托公司，谷歌之于网上帮手杰福斯，亚马逊之于易贝，大抵如是。

骗术一：技术专利窃取

大型企业往往通过某种谎言或盗窃知识产权来以之前无法想象的速度和规模累积财富，四大巨头亦在此列。大部分巨头采取欺骗其他企业的方式来转移财富，抑或欺瞒政府以获取补贴从而使权力天平倾向于它们。例如特斯拉就在发展太阳能和电动汽车过程中，从政府那里获取了巨额补贴。然而，当巨头发展成形后，它们突然对这种行径感到愤怒，并寻求保护自己的利益。

这种前后的行为变化在各国竞争中更加凸显。在地缘政治背景下，世界只有一个巨头——美利坚合众国，其发展史再次验证了这种行为变化。独立战争后不久的一段时期，美国就如同好斗的初创公司，机会很多却没有能力好好利用。而当时欧洲在工业革命后一段相对和平的时期内蓬勃发展起来，美国制造业根本无法与之竞争。特别是纺织业，当时由于英国拥有先进的织机（从法国窃取的设计）和相关技术，该行业完全由其主导。那时英国为保护这一产业，通过立法来限制织机操作工和工匠出境，并禁止设备出口。

最终，美国窃取到了相关技术。虽然承认英国关于禁止出口的相关法律，财政部部长亚历山大·汉密尔顿（Alexander Hamilton）仍发出了一份文件，希望通过相关条款，付出一定代价来获取欧洲工业技术。财政部向愿意来美国的欧洲工匠提供赏金，而这违反了他们本国的移民法。1793年美国修改其专利法以限制美国公民专利保护权，从而剥夺了欧洲对这一盗窃案的任何法律追索权。

通过这一系列的操作，美国工业快速发展。被称为"美国工业革命摇篮"的马萨诸塞州洛厄尔镇，由弗朗西斯·卡博特·洛厄尔（Francis Cabot Lowell）公司员工的后裔所建。而洛厄尔曾出于好奇，多年前作为顾客参观了英国纺织厂，并记下了其设计和布局。回美后他便创立了波士顿制造公司，并建立了美国的第一家工厂。有趣的是，该公司后来是美国第一家进行首次公开募股的企业，堪称现代科技行业资金配置的始祖。"窃取"还为美国带来了价值数十亿美元的产业：咨询业。美国拥有全球最优秀的咨询公司。"窃取"这一理念已深深融入美国的血液中。

如今，美国已然成为拥有技术优势的工业巨头，有大量的市场需要保护。但当人们在百老汇为亚历山大·汉密尔顿庆祝的时候，法律否定了其不尊重（欧洲）知识产权的态度（成长起来后巨头会憎恶"窃取"，从而保护其市场）。美国现在是专利和商标保护最坚定的支持者，并在世界范围内批评其他国家窃取技术的行为。

也许科技史上最成功的"窃取"案例当数苹果公司，史蒂夫·乔布斯将施乐尚未实现的鼠标驱动、图形化桌面的愿景转变为现实中的麦金托什电脑，从而改变了个人电脑行业。

洛厄尔改进了英国工厂设计，建造了其自己的工厂，然后利用美国不断增长的年轻人口和大量的其他资源获取了大量的财富。同洛厄尔一样，乔布斯看到施乐的图形用户界面（GUI）开拓 PC 市场的潜力甚至远大于其已获巨大成功的苹果二代机。GUI 技术极具创新力，能打造出人们梦寐以求的电脑。而这是施乐公司永远不能实现的，不管是从制度上、战略上或者哲学上讲，该企业都不具备这样的能力。

因此，苹果公司仅在其他方面做了小小的创新就利用 GUI 占领了市场。这之后当然苹果会申请专利保护，或者买下其目前使用的领先技术的专利（施乐的 GUI 技术、新思的触屏技术、P. A.WORKS 株式会社的半导体芯片等等）。这些企业成功的关键不是因为从其他公司窃取到了技术，而是在该技术上发现了其他企业没有发掘到（或者不能利用到）的价值，为此它们会采取一切必要的手段。

骗术二：借鸡生蛋

四大巨头另外一种"窃取"是通过借用他人的信息，反过来再售卖给其用户。谷歌就是很好的一个例子。

谷歌的建立是基于对网络结构和搜索本质的精确洞察力。其之所以成为巨头，是因为创始人（包括埃里克·施密特）洞察到谷歌可以一方面免费提供信息，另一方面通过竞价排名获取巨额广告收益。时任谷歌高管的玛丽莎·梅耶尔曾在国会说道：报纸和杂志天然就有义务让信息流通、传播、查询及搜索到……通过谷歌。她还曾言及：

"谷歌新闻提供的文章不考虑政治观点或意识形态，用户可以从各种角度有选择性地阅读。"乙醚能使百花万紫千红，她接着暗示道，我们需要保持这个国家的创新基因，通过谷歌，市中心的孩子更容易完成其实验报告。这种做法和公共广播公司在要求延长补贴时搬出"大鸟"号美国照相侦察卫星（简称大鸟）如出一辙，你们要放弃大鸟吗？

而且梅耶尔言之凿凿：通过引导感兴趣的用户至相关网站，谷歌为线上报刊提供了极具价值的免费服务。她很失望，因为《纽约时报》和《芝加哥论坛报》并不感激谷歌所做的一切。或许这是因为谷歌所提供的"极具价值的免费服务"实际上是在摧毁新闻媒体的广告业务，并将其市场份额收入囊中。

"别担心"，梅耶尔告诉国会，"谷歌同样还有一项收费业务"。越来越需要依靠谷歌获取流量的出版商可以加入谷歌爱迪生广告联盟（Ad-Sence），它可以帮助出版商利用文章内容获取收益。

而现实是，到2016年大选时，网络上的信息严重两极分化，而能在一毫秒内判断用户政治观点和意识形态的算法在这个进程中厥功至伟。在梅耶尔出席国会听证会后一段时期，新闻出版商——以前不需要谷歌帮助创收——在谷歌的帮助下销声匿迹。而与此同时，谷歌收集了大量的信息——用户个人情况、生活圈子、消费习惯等等，然后通过算法技术对信息加以分析，从而为我们提供"极具价值的免费服务"。

早在10年前，脸书和谷歌都表示不会在公司旗下平台内互通信息。然而事实证明那是一句谎言，并且二者还悄悄修改了其用户隐私政策。如果用户不想自己的动态信息、地理位置以及搜索记录被交叉使用，需要在网页特定选项中勾选退出。所有信息的收集和分析都是为了更精准地"服务"用户。在数字化市场营销中，网站对用户的了解程度令人毛骨悚然。到目前为止，消费者和广告商的实际行为已经表明：为了享受到更好的服务，值得付出令人"毛骨悚然"的代价。

信息的价格

黑客的信条——"信息要免费"为互联网第二个黄金时代奠定了基础。这个短语由《全球概览》杂志创始人斯图尔特·布兰德在1984年黑客大会上首次提出。以下是原话：

"一方面信息要昂贵，因为其非常宝贵。在对的时间对的地点，对的信息能改变人生。另一方面信息要免费，因为获取信息的成本越来越低。因此需要在这之间找到平衡。"

人类追求性感、独特、高薪。"信息"在一定程度上同人类一样，渴望被关注、拥有特殊性、具备高价值——这是信息昂贵的一面。除却谷歌和脸书公司，美国最成功的媒体企业当数彭博（Bloomberg）。迈克尔·布隆伯格（彭博创始人）是名信息提供商。其把他人的信息和财务数据结合起来，随后冠以"情报"之名。彭博会控制"情报"数量以造成一种稀缺感，因此价格高昂。该公司以自主研发的彭博终端作为其信息分发渠道。如果有人需要获取能影响其股票价格的商业信息，那就需要和彭博合作。彭博会给他的办公室里安装终端显示器，不久无尽的信息流和金融数据会在屏幕上滚动。

对于那些希望免费获取信息的公司而言，它们仿似遗忘了布兰德的那句"信息要昂贵"。实际上布兰德真正感兴趣的是信息在"昂贵"和"免费"之间的矛盾，而正是在这一矛盾中他预见了未来的创新。谷歌在平衡这种矛盾方面很在行。一方面为用户提供免费的信息，一方面作为信息渠道商从中获取亿万收益。

脸书同样是平衡信息"成本低廉"和"价值高昂"的大师。在这方面其功力甚至甚于谷歌。脸书将其用户发布的内容信息售卖给广告商，而广告商反过来利用这些信息给用户推送广告。这不是在"偷取"用户的信息（发布的照片和日志等），而是利用这些信息获取巨额财富——用户作为个人而言完全不能实现。这就是世界顶级的"借鸡生蛋"。

脸书的成功还建立在另外一个谎言上。在脸书销售军团和全球著名消费品牌商们的早期会议中，这个谎言重复了数千次："在脸书上打造强大的品牌社区能极大地促进销量。"自此，成百上千的品牌商在脸书投入亿万资金去建立自己的品牌社区。为了促使消费者给公司品牌点赞，品牌商们为脸书做了大量的免费宣传。而在耗资巨大的社区打造好后，当品牌商准备入驻时，脸书发话了："开玩笑，那些粉丝是你们的吗？你们需要租用社区才能得到。"与此同时，以前品牌商发布的帖子能100%覆盖整个社区用户，而现在这一比例下降到个位数。如果商户的某个帖子需要覆盖整个社区，商户需要做广告——就是说另外付费给脸书。就好像你正在建一所房子，在快要完工的时候县督察过来了，把房子换了锁并给你下达通知："这房子你要租用。"

一大堆大型企业曾幻想能在脸书上拥有自己的"房子"，但最终以成为租户收场。耐克为建立自己的社区在脸书上花费巨大，可如今其只有2%的发帖信息能覆盖整个社区（发帖100次，只有2次能推送到该社区所有粉丝）。就算耐克再怎么不乐意，顶多只能在这个拥有20亿用户的社交网络上抱怨一番。就像和富婆约会一样，要赚钱必须接受侮辱。你能做的就是事后咒骂两句。

骗术之核心

亚马逊的发展方向很明确：

1.在全球范围内接管零售和媒体行业；

2.利用公司无人机、自动驾驶汽车、货车等解放物流行业（联邦快递、UPS快递、敦豪速递，你们一路走好）。

当然亚马逊在其高速发展过程中免不了会碰到障碍。但亚马逊拥有几乎无尽的资本和优秀的创新文化，这些将会为其铺平道路。试问有哪个国家能抵抗住吗？

正如保罗·纽曼在电影《骗中骗》中所说，一场成功的骗局关键在于受害者从没意识到自己被骗了——直到最后一刻还认为自己会成为大赢家。新闻报刊企业仍然认为是未来的趋势对行业不利，从没意识到是什么原因导致了现在的结果——谷歌重创了该行业。而在谷歌没有影响到的领域，它们又太过愚蠢——把唾手可得的易贝拱手相让与他人、克雷格列表（Craigslist）网站还是初创公司时错失了投资机会，始终致力于传统纸印报纸而没有把其天赋应用到互联网中——这注定了要衰弱。如果报刊公司在互联网时代能把握一半的机会，那么大部分企业都能生存下来。

四巨头同样也蒙蔽了"受害者"的双眼，品牌商们急迫地在脸书注入资金以打造公司的品牌社区，而最终发现自己不过是名租户。卖家们涌入亚马逊，以为这个平台能带给他们一批新客户，最终发现其最危险的竞争对手就是亚马逊本身。甚至当施乐公司用GUI技术换取了苹果10万股股票时，也认为占了这个全球最热门的科技公司的便宜。你也可以说这是咎由自取。

野心勃勃的巨头企业总会以一种其老牌竞争对手意想不到的方式

进入市场。就拿优步来说，在其几乎所有的各区市场中都违反了当地法律。在德国被禁，在法国被罚，而且美国多个司法管辖区已下令优步停止运营。但是，仍然有投资者以及政府在排着队给优步送钱。原因？因为他们认为，最终法律会给该公司让步，优步必然崛起。他们的看法很可能是对的，每当创新者和法律相违背时，最好押注在创新者这边。

优步不仅避开了适用于传统出租车服务的相关条例，还通过连接司机的 App 伪装成软件公司来规避劳动法。尽管如此，优步仍在以惊人的速度与司机和乘客签约。原因在于其基本服务和 App 的简单易用使得客户体验要远优于冰冷的传统出租车。优步意识到如果一个行业被颠覆了，消费者为了得到更好的服务会与优步同进退（形成了利益共同体）。而且，从长远看，国会真的会和数百万计的乘客以及华尔街（投资人）较劲吗？

亚马逊同样与其平台 5 亿用户形成了利益共同体——亚马逊平台上的商品相对便宜，这是其在通过算法从品牌商那里夺取利润返送给消费者。零售商利用其影响力来发展自己高利润的品牌产品并不少见，只是很少有像亚马逊这般深谙此道的企业。正如美国的盟友在得知自己被监听后会表示"震惊"。实际上各国都清楚他们都在相互监视对方，真正让各国恼怒的是美国监听技术竟然这般高超。亚马逊、消费者以及算法组成的联盟能给消费者带来巨大的利益，而反过来，亚马逊由此获得的巨大增长又为其员工和投资者产生数千亿美元收益。作为消费者，确实可以通过与最有影响力的企业联盟来获利；但作为公民、劳动者以及亚马逊的竞争对手，实际上是被坑了。但是就像前面所讲的富婆，你还得继续跟她保持关系。

司法系统的存在并不能很好地起到约束作用。当违法被抓现行后，企业最好祈祷自己能像四巨头那样富有。当脸书寻求获得收购瓦次普的批准时，其向欧盟监管机构保证这两个平台短期内不会共享数据。这一承诺缓解了监管机构对用户隐私的担忧，最终脸书获得批准。剧透一下：脸书公司想出了一个数据共享的办法。因此，由于感觉受到了欺骗，欧盟对脸书处以1.1亿欧元的处罚。这等同于因为拒不支付100美元的停车费最终司机被罚款10美元。违法——多么明智的选择。

THE
FOUR

Chapter
7

第七章

商业与人体结构

在霍洛维茨、泰尔、施密特以及萨利姆·伊斯梅尔和其他商业领袖看来：企业要取得非凡成就必须充分利用云计算、虚拟化技术以及网络效应，由此产生 10 倍于竞争对手的生产力，从而凭借低成本快速扩大规模。但这种看法忽略了一个更深层次的因素，这个因素与科技无关。从进化心理学的角度来看，任何成功企业都抓住了人类的生理需求。相应的身体部位分别是大脑、心胸和下半身，它们分别对应了人类不同层次的生存需要。对企业领袖而言，公司定位于人类的哪个部位（满足人类哪个层次的需求），决定了其商业战略和最后的成就。

大脑（理性消费）

大脑是人类分析计算的部位，能在几毫秒内权衡成本和收益，最终给出理性的选择方案。在市集中，当人们发现好奇（Huggies）尿布比帮宝适（Pampers）尿布便宜 50 美分后，其大脑会进行更为复杂的成本效益分析——以往这两种尿布使用情况怎么样？哪种吸湿性更好？——最终得出最优选择。这种情况下对于定位于大脑的公司而言，意味着要降低产品价格，这样就减少了商品利润。因此对绝大多数公司而言，其最主要的竞争对手就是消费者的大脑。林肯那句名言——没有人能一直糊弄所有的人——极其正确，许多作死的企业为此（糊弄消费者）后悔不已。大脑会防止消费者做出太多愚蠢的决定，尤其在多次上当以后。

少数企业会向消费者灌输理性思考的理念，借此在激烈斗争中赢得市场。以沃尔玛公司为例，数百万的消费者评估选择后会在沃尔玛消费。若单考虑物品价格，"薄利多销"长期以来是企业的重磅武器。这就是为什么我们的远古祖先捕猎时会优先选择野牛而不是金花鼠，尽管前者要更为危险。

沃尔玛规模巨大，是少数拥有世界最高效的供应链系统的企业之一。这家零售巨无霸牢牢控制其供应商（厂家），并挤压它们的利润空间。这样的结果是，沃尔玛的商品价格更低，其消费者可以从中受益，进而有利于该公司扩大市场份额。目前沃尔玛占据的美国零售市场份额约为11%。尽管单件商品利润较低，但由于规模巨大其收益颇为可观。沃尔玛的客户消费时充分利用了大脑，比那些花钱买名声的富人更为理智。

在争夺消费者大脑的战争中，赢家为其股东创造了亿万财富，而这是一个赢者通吃的社会。一旦大脑确定了哪家平台（公司）为其最优选择，消费者就像忠于伴侣那样忠于该企业。这场战争后只有三个赢家：沃尔玛、亚马逊以及阿里巴巴。绝大多数企业不会，而且永远不会有出头之日，它们没有三大赢家那样的规模来与之竞争。

但如果你的企业不是，也不想成为占领消费者大脑的王者，那么企业的定位需要迁移，从冰冷、僵硬的大脑往下转到更宽容的心胸。

心胸（情感需求）

有人说"比海洋更宽广的是人的胸怀"，同样心胸这一市场规模巨大。因为人类绝大部分行为，包括消费选择，是由情感驱动的。大脑会进行成本效益分析，往往购物时得出的答案是：这物品不应该购买。而情感驱动时，消费者并不理性，完全根据喜好购物。心胸更深层次的驱动因素源自爱。

人类在帮助他人或者爱护某人时会更有幸福感，寿命也能延长。"冲绳百岁老人调查"研究了居住于日本南部岛屿的人们的生活状况，该地域是世界著名的长寿地区。研究发现这些长寿居民：1. 每日食用大量的豆类，且适当地喝些酒；2. 坚持锻炼，乐于社交；3. 彼此爱护，相互照应。同样，约翰·霍普金斯大学老龄化与健康中心的最新研究表明：乐于助人者平均寿命比平常人高 18%。这些都说明是"爱"延长了人类的生命。正如达尔文所言：物种需要相互扶持以避免灭绝。

消费时由情感驱动并不理性，但从商业角度看来，瞄准消费者的心胸（情感需求）是种非常理性的战略。实际上"二战"以来，市场营销的工作中心几乎完全是围绕人类心胸（情感需求）展开的。公司品牌、口号、广告宣传的设计都是为了锁定消费者最关心的事物，美国广告业不懈专注的是如何俘虏消费者的心。例如，斯马克成功地让人们确信对孩子的爱意与所选择的花生酱直接相关："精明的妈妈们都会选择积富。"所有节日的促销活动都是围绕让消费者表达爱意展开的："告诉妈妈你有多爱她。"人们愿意花费 3 个月的薪水来购买钻石戒指是因为那意味着"永恒的爱"，对你的另一半来说，这非常重要。

对于营销人员来说，消费者每一条情感需求其都可以从中获取利润。人类的情感需求包括但不限于以下几条：美的追求、爱国主义、友

顶级快消品牌业绩的年度同比
2014 - 2015

信息来自："增长的艰难之路——2015 年年中评论：快消品牌 100 强业绩表现如何" Catalina Marketing

谊、男子主义、奉献精神以及最为重要的——对爱的追求。这些情感需要对消费者而言，不可用价格来衡量，但营销人员可以。情感需求为企业发展提供了温床：就算其竞争对手有价格优势，但只要该企业仅仅抓住消费者的情感需要，该企业就能生存下来，甚至会蓬勃发展。

　　或许情感需求看起来很肤浅，但那就是激情的本质。而心胸是少数能凌驾于大脑之上的决定性力量之一。

　　数字化时代科技创新发展，信息越发透明，这对情感市场威胁巨大。搜索引擎和用户评论功能使得物品信息透明化，如此一来人们购物时不再被情感主导。谷歌和亚马逊的崛起标志着品牌时代的终结，因为消费者会在谷歌和亚马逊上查看商品的信息从而不会再愚蠢地"感情用事"。占据全球消费品行业最大的一块是快消品领域，而其市场帝国正是建立在情感需求之上。但在 2015 年，90% 的快消品牌商市场份额下降，三分之二的企业收益下滑。

　　那么规模不大的品牌商该何去何从？要么破产倒闭，要么，将其产品定位继续迁移到人类更不理智的部位。

下半身

随着吸引心胸的难度越来越大，吸引下半身的品牌逐渐蓬勃发展。下半身对应的是人类性爱和生育后代的本能需要。饱暖思淫欲，对性爱的欲望会使人们罔顾大脑发出的有关成本和风险的警告。这就是为什么很多 16 岁的青年和 50 岁的中年老大叔会买跑车。

人们精虫上脑时会关闭大脑思维，比如通过饮酒、吸毒、调暗灯光或者播放音乐来麻痹大脑。一项有关性侵的调查表明，71% 的当事人曾醉酒。这些人正是通过化学方法（饮酒）来关闭大脑思维，从而造成"粗心大意"的后果。而第二天早上醒来时，根本不知道当时自己是怎么想的。醉酒者很少会像以前买咖啡一样，拿出手机对比酒吧附近苏打水的价格。

在酒精的影响下，人们极不理智且出手阔绰，酒精和性欲的结合让人们沉浸在荷尔蒙中。奢侈品牌商几个世纪前就注意到这点了。这些企业绕过人们的理性认知（大脑）和情感需要（心胸），将其商业与人类充满乐趣的性爱需求广泛连接起来。从远古穴居时代开始，男性就本能地希望在世界各地留下子嗣。通过炫耀其财富和权力，男性试图向女性表明："我们的后代更有可能会生存下去，因为我能提供足够的物质。"戴沛纳海表的人正是在向潜在对象发出信号：我们交配产生的后代要比你和一个戴斯沃琪表的人交配产生的后代更能生存下来。

相较而言，在生物进化的角度上女性通常会尽可能吸引更多的求爱者，从而选取最强壮、最聪明以及最有前途的对象。为了更具吸引力，这就是为什么女性宁愿"削足适履"以便穿上 1085 美元的高跟鞋，也不会穿廉价而舒适的平板鞋。

鉴于以上因素，消费者和奢侈品牌公司一定程度上属于共生关系。

消费者通过昂贵的消费来传递其品位、财富、特权和欲望，而奢侈品公司刚好能为其提供这样的产品。奢侈品企业很清楚，如果其产品能像孔雀羽毛那样拥有对异性的吸引力，那公司获得的利润会使其他企业（定位于大脑和心胸的公司）艳羡不已。无论是克里斯蒂安·迪奥、路易威登、蒂芙尼还是特斯拉，奢侈品从来都是非理性消费，这使得其成为全球利润最高的业务。2016 年度，雅诗兰黛的市值超过了世界上最大的传播公司——WPP 集团，而旗下拥有梵克雅宝和卡地亚品牌的历峰集团财富更是超过了德国电信，同样路易威登集团比高盛集团要土豪得多。

四巨头对应的人体结构

　　人类的生理部位——大脑、心胸和下半身直接关系到四巨头的非凡成就。

　　就谷歌而言，其针对的是用户的大脑。谷歌能传递信息给大脑，从而完善大脑的知识结构。而且通过在全球范围内抓取信息，其能将人类认知提升到近乎无限的程度。在计算机的超级算力和高速网络的支持下，谷歌通过其世界各地的服务器为人类提供所需的信息。谷歌一定程度上已逐渐替代了人类的大脑。虽然人们自己也可以完成以上工作，但对于同一个信息，人们可能需要翻遍图书馆，耗费数周才能查询到。反观谷歌，查找这些信息只是几毫秒的事。不仅如此，谷歌还会为用户提供大量的相关信息。而且其永远不会疲倦，做事从不拖拉。

　　最后，尤其要注意的是，人们对于谷歌的信任甚至超过自己过往的经验。虽然人们不清楚谷歌算法是如何工作的，但这并不妨碍他们把自己的事业甚至性命押在谷歌搜索结果上。

如今谷歌就像是人类共同的科技大脑。正如沃尔玛和亚马逊分别是线下和线上零售业的霸主一样，谷歌就是知识领域的上帝。并且谷歌极为友善，用户只需花费很小的代价就能获取信息。不同于奢侈品，无论你贫穷与否、才智几何，谷歌向所有人开放。对于用户而言，谷歌是提供人性化服务的亲密小伙伴，因此人们对于这位行业霸主庞大的身躯毫不在意。就算谷歌在人们搜索过程中创造了亿万财富，人们也不会憎恨这种行为。用户真正关心的是其可以借助谷歌提供的搜索结果让自己变得更聪明。最终谷歌成为大脑市场中唯一的赢家，为其股东创造了巨额财富。由于谷歌能在最少的时间内为用户提供准确的信息，这使其成为人们最为钟爱的网站。

如果说谷歌对应的是人体结构的大脑市场，那亚马逊针对的就是大脑和贪婪的手指之间的纽带——人类永不满足的本能。自人类初始以来，良好的生产工具通常意味着更高品质的生活。而从历史角度来看，人类拥有的物品越多，其越具有安全感和成就感。安全感是指与"敌人"相比，成就感来自街坊朋友艳羡的目光。那么谁的欲望总是难以满足？人们认为星巴克的成功不过是"向瘾君子提供咖啡因"。但是购物同样会成瘾，而亚马逊正在为"购物瘾君子"提供尼古丁。

相对而言，脸书对应的是人类的心胸市场。该公司不是像汰渍那样满足客户的母爱需求，而是把其用户和亲朋好友连接在一起。脸书另一种连接形式是把用户行为数据和广告商连接起来从而支撑该公司成为庞大如谷歌的巨头。与谷歌不同的是，脸书针对的是人们的情感需求。人并非独立体，本质是一切社会关系的总和。研究表明：如果一个人与世隔绝，其患抑郁症和心理疾病的概率大大增加，寿命也会缩短。

脸书天才性的一面不仅仅是为用户创造了一个展示自我的空间，它还为人们提供了丰富的自我展现工具——让用户可以接触到圈子内的其他人。长期以来人们早就知道自己生活在一个特定的有限群体中。人类历史进程中群体一直存在，从古罗马的军团到中世纪村庄……最后到我们的脸书好友。群体数量的来源有些意思：人们通常只有 1 个配偶，此时群体数为 2 ；知己好友（就是死后会为你收尸的那种）形成的群体数量为 6 ；可以作为一个团队高效工作的人数为 12 ；最后相识之人数量为 1500。脸书无形的力量不仅能让用户加深与群体成员的联系，而且通过提供强大的社交工具拓展了人们的群体规模。用户因此幸福感提升，感觉到被关注被认可。

　　苹果公司初期针对的是大脑市场，坚定高举"理性消费"旗帜。在一篇印刷广告中该公司曾吹嘘道："苹果电脑几分钟内就能处理完福特1903 年要花费大量时间应对的细节问题。"苹果电脑能让消费者"不同凡想"，如此种种。但最后苹果转而专注于人类的下半身需求。优雅而昂贵的苹果产品激发了人们对"性"的追求。只需满足人类的生殖欲望，苹果就能获取相对于同行极不合理的利润率，从而成为商业史上盈利最多的企业。笔者在捷威公司出任董事时，该公司利润率仅为 6%。而反观性能相近的苹果机，其利润率高达 28%。捷威针对的就是大脑（理性消费）市场，而在电脑行业该领域是戴尔的天下。因此捷威无立足之地，最后贱卖收场。捷威公司股价几年前一度达到 75 美元 / 股，但最终以 1.85 美元 / 股的价格出售给宏碁。

　　人们对苹果产品的渴望使得该公司具有类似宗教的地位。信奉这一"邪教"的人为其做出的"超理性"选择而自豪。在他们看来，选择苹果是因为该产品设计符合人体工程学，且拥有优越的操作系统以及对病毒和黑客的抵抗力。而苹果销售员同样认为自己睿智无比，是苹果以其不同凡响的理念改变世界的先头兵。但最根本的是，二者都认为苹果产品最酷。

当局者迷旁观者清："他们不过是在为自己的欲望找理由。"安卓手机用户会通过理性思考来减轻其嫉妒心理："一部普通的手机只要 99 美元，而苹果手机却高达 749 美元，因此购买苹果手机肯定是不理性的消费。"他们的想法是对的。因此不必在苹果店外排队等候最新的苹果手机，这才是你需要做出的正确选择。

苹果公司市场营销活动和推广手段从来都不针对传统意义上的性欲需求，其要传达给客户的信息不是"拥有苹果产品会使人对异性更有吸引力"，而是"拥有伟大奢侈品是很寻常的事情"。潜台词是苹果产品会让你比没有苹果产品的"情敌"更有竞争力——更优雅、更聪明、更富有、更有激情。这样的你会更加完美：当拿出 iPhone 聆听音乐、浏览最近一次旅行的图片或者翻看朋友圈时，你就代表着时尚。你会觉得自己身处"天国"，过着最惬意的生活。"天国"里你不一定能看到上帝，但至少你肯定进一步接近了商业中的"上苍之子"，即身在商业之巅的无畏天才——性感猛兽乔布斯。

商业增长与生理关系

如今似乎四巨头已经在人类生理各大关键部位占据了垄断优势。还有其他部位有市场机会吗？如果没有的话，别的公司如何与它们竞争？

我们先研究下第二种情况。如今巨头们占据着统治地位——规模巨大且富可敌国，因此似乎不可能与之直面竞争。也许事实的确如此，但历史告诉我们一定还有其他的策略。毕竟，在四巨头崛起的时代都必须面对同样占主导地位的老牌企业巨头，最终击败它们。

苹果公司初始阶段就面临着几个巨大的竞争对手。IBM 曾是全球最大的企业之一，其电子产品在办公领域占据主导地位。还有惠普公司，可以说是当时有史以来经营得最好的大型企业，拥有科学掌上电脑和桌面计算器业务。另外美国数字设备公司当时在微型计算机上与上述两家公司不分上下。苹果公司，这家由两个手机黑客在破旧的车库里发起的品牌，怎么可能与这些怪物竞争呢？

苹果的成功主要归结于三大因素：无畏之心、高端设计、运气。前两个因素或许还能理解，但运气这个因素可能出乎读者意料。当时由于沃兹出色的架构策划和乔布斯本人的外观设计，苹果二代机成为世界顶级的电脑产品。但是没有一家公司愿意采购苹果电脑，因为别的产品虽然品质差一些但足够使用，而且胜在价格便宜且能保证批量交货。

因此乔布斯转而面向个体消费者。这个领域都是小型竞争对手，而且对手的产品还不被常人所理解和信任。当时，IBM 还没有开展个人电脑业务，因为其在大型计算机产品上正面临反垄断起诉。美国数字设备公司对个人电脑业务又不以为意。而惠普公司，甚至在沃兹已经向威廉·休利特（惠普创始人）推售个人电脑业务时，仍决定把公司中心放在其他专业技术的研发上。最终仅成立 3 年的苹果公司就占领了个人电脑市场。

随后发生了一些有趣的事情：这些个人消费者开始偷偷地把他们的苹果电脑带进办公室。不久后，"叛乱活动"如火如荼地进行着，数以千计的员工在工作中违反 IT 部门的规定使用苹果电脑。苹果逐渐流行开来，让其用户感觉很酷——因为用户就像公司的游击队，正和信息管理系统（MIS）部门的人战斗。这也是为什么当 IBM 开展个人电脑业务后，行业里其他的企业都覆灭了，唯独剩下苹果。其就像在恐龙脚下掠过的小哺乳动物一样，幸存了下来并最终取得胜利。

同样，谷歌也通过其简洁的主页来伪装成诚实可爱的小可怜，甚至在其覆灭所有其他搜索引擎企业后依然如此。谷歌初始阶段背靠雅虎，那时雅虎把自身网站的搜索技术外包给这家小型搜索公司。而后来谷歌市值是雅虎的数百倍，这点恐怕雅虎不曾想到。再看脸书公司，前期表现得很乖巧，好像很惧怕那些洪水猛兽般的企业，因此被看作没有侵略性的第三方。就这样一步一步击败了占主导地位的聚友网。而且由于脸书具有常春藤盟校的基因，给人们的感觉是该网站更高端更安全——脸书账户需要 .edu 结尾的邮箱地址。用户注册、分享信息必须通过身份认证，使得脸书有一种不同于其他网站的文明之风。

　　同样的内容，在推特上发布比在脸书上更可能得到恶意的回复。这很好理解，人们在匿名状态时更容易表现出混蛋行为。亚马逊从不把书店描绘成竞争对手，甚至声称希望书店能生存下来。而当一条巨蟒对一只可爱的动物怀有恶意时，它会出其不意地将其吞入腹中。同样地，亚马逊在"最后一公里"快递项目上投资了数十亿美元。而贝佐斯先生声称无意取代 UPS 快递、敦豪速递或者联邦快递，只是作为它们的补充。没错，亚马逊一贯如此"乐于助人"。

　　我们有理由相信上述的策略，无论是苹果的"异军突起"，还是脸书和谷歌的"装萌"，抑或亚马逊的"伪善"，可能以后有一天会被其他企业用来对抗四巨头。巨型企业同样面临挑战：优秀人才会流失，转而投向更有回报的创业公司；他们也没有以前那样充满雄心壮志；而且商业帝国过于庞大不利于协调各方资源；又或者因为影响力过大被政府盯上从而无暇专注于公司业务。而随着管理者逐渐相信，遵守政府的指导方针比制定公司最佳策略更重要，巨头企业的发展速度会开始减缓。贝佐斯先生坚持认为亚马逊永远不会成为 Day2 公司（见段尾注），这听起来似乎亚马逊不太可能会迷失方向。事实上该企业会的。企业跟生物一样，也有生命周期，最终的结局 100% 是死亡。其他三巨头同样避免不了这样的命运，最终都会消亡。所以问题不是巨头们是否会陨落，而是什么时候陨落，栽在谁人之手？

（译者注：贝佐斯曾在给股东的信中写道："Day2 公司处于停滞不前的状态，接着会变得无关紧要，然后会经历痛苦的衰退，直至最终迎来死亡。这就是我们总是要做 Day 1 公司的原因"。）

Chapter

8

第八章

T 算法

总有一天，第五大巨头会出现。在它的领地内，其将拥有万亿美元的市值和充足的市场主导地位。或者更可能发生的情况是，四巨头其中一家企业将被取代。我们能确定哪些潜在公司极有可能会上位吗？

正如马克·吐温所言："历史不会重演，但总是惊人地相似。"四巨头企业的成功来自以下 8 个共同因素：产品差异化、"愿景"资本、覆盖全球、企业形象、垂直统一管理、人工智能技术、人才引进以及地理位置。上述因素为成为一家价值万亿美元的公司提供了算法规则。当时在 L2 工作时，我们使用术语 T 算法来帮助企业更好地分配资本。

以下是八大因素：

1. 产品差异化

以往零售商要为其股东创造收益首要核心在于选取一个好地段，消费者不会跑到比街头小店更远的地方去买商品。其次是货物的分发渠道，铁路让消费者以较低的价格享受多种量产商品成为现实，利于塑造消费者信任的品牌。

后来进入了以产品为核心的时代，这点在汽车和电器行业尤为明显，很大程度上是二战后的一段和平时期内科技创新推动的。那时人们便拥有更为优质的汽车、洗衣机、电视机，甚至更好的衣物。同橡皮泥、雷达、微波炉、喷气式发动机、晶体管以及计算机一样，皮质夹克也是二战后出现的。这些发明创造促使了金融时代的到来，其后一些公司利用廉价资本吞并其他企业，自此世界上出现了各种跨国工业技术和制造集团（ITT）。再往后商业进入品牌时代（20 世纪 80 年代至 90 年代），那时企业主要是利用很普通的商品——鞋子、啤酒或者肥皂，然后为产品赋以积极进取的含义。这就是品牌时代公司创收的本质。

正如本书第二章提及的那样，如今商业又重返产品时代。由于新科技新平台的发展（比如脸书或者亚马逊上的用户评论），消费者能在购物前花费很少的时间来了解一系列产品的详细情况。也正因为消费者能详查产品信息，他们不会再像以前那样优先选择品牌产品。如今好产品自会从市场中脱颖而出，而在以前，如果不做任何市场推广的话，好酒也怕巷子深。此外，数字化工具的普及激发了一系列创新热潮，各种定制化客户端 App 可以任意下载，消费者购物不再局限于以前的实体店。

在以前床就是简单的床，但随着科技的发展，床还可以是智能家居用品，通过编程为人们及其伴侣提供定制化服务。而且人们不用再去潮湿的家具店，网上下好订单后它会被直接快递到家。

笔者必须跑到经销商那里才能调整汽车发动机。而反观笔者的邻居，只需要把信息通过无线传输到特斯拉中控车载系统，然后发动机会收到升级指令，从而移除速度调节器，将汽车的最高速度从 140km/h 提高到 150km/h。整个过程都是远程操作的。在芯片和无线技术还不完善时，人们还在使用座机，如今却不同了。

世界上几乎每一件产品，甚至是那些长期被人们熟知的商品和服务，都通过廉价的传感器、芯片、互联网技术等，创造了新的消费维度和价值（比如上文中的座机通过无线等技术做了产品升级——手机）。而且，如今商品从供应到生产再到分发的每一个环节都有了不同于以往的新方式。科技赋予产品新价值这种模式获得了巨大的成功。

但是，不要认为差异化的产品就是企业成功的核心。商品推广方式的差异化、购买方式的差异化、商品本身的差异化以及运输方式的差异化等等，合起来才能促使企业成功。企业领导要学习在其产品（服务）的原材料、制造过程、售卖阶段以及回收处理等各个过程中用科技赋予新的消费价值。如果某人在其中一环发现了未为人知的价值，完全可以成立公司在这一细节上深耕细作。亚马逊发现了客户体验这一环，从而投入重金和技术来创造新的消费价值，而这可能会使该公司成为全球市值最高的企业。以前从威廉姆斯索诺玛公司订购家具意味着要另外花费 34.95 美元（快递费）才能在一周后拿到该产品。如今在亚马逊上不仅免邮而且到货时间不会超过两天。供应链系统中最不引人注意的一环（快递运输）最终将成为商业史上最能创造新消费价值的部分。

做减法

在头脑风暴寻找新创意时，企业家们倾向于关注公司可以提升的部分，比如如何提高用户体验。但往往忽略了企业可以减去的部分，而减去意味着减轻烦恼。然而笔者认为，在过去的 10 年里，绝大部分企业家之所以能为公司创收是因为其善于做减法。人类作为一个物种早已知晓如何能变得快乐，比如与爱人的欢乐时光。在感觉到某些生理或心理刺激能影响我们的情绪时，如果是积极的我们会提高，反之我们会（通过去教堂或者追网剧）缓解这种情绪。

有人会认为在互联网时代所谓的竞争优势不过是因为"物美价廉"，毕竟亚马逊很明显正是属于这种模式。这样看来那苹果公司呢？苹果几乎全是高溢价产品，虽然其产品性能比竞争对手要好，但对比其收取的费用来说苹果产品还不至于好到那种程度。而且笔者认为，就算亚马逊上的产品和实体店价格一样，其仍然能主导整个市场。原因？因为去商场购物的话，人们需要驱车过去，再找停车位，步行半公里到商场，在各个货架上找商品，排队买单，最后拖着疲惫的身躯驱车而回。而在亚马逊上购物，人们只需要点击下鼠标。亚马逊消除了消费者在购物过程中的种种不快，商品会运送至客户家中，快递费用还不到人们开车去商场的油费。

因此，虽然看起来是科技革新为产品或服务创造了新卖点从而产生了新价值，究其本质是因为科技给人们带来了极大的便利（消除了客户消费过程中种种不愉快且节约了客户时间）。

而不愉快的消费体验到处存在，出行领域就是一例。而优步就在这点上发现了商业机会，通过GPS定位技术、短信以及线上支付服务消除了客户等车过程中的焦虑和痛苦（"车子怎么还不来"、旅途的最后还要在车后摸索着寻找金钱来付费）。如今很多人习惯了使用便利的优步出行服务，到目的地后不用线下支付直接昂首走人。注意：线下支付就是不便利（不愉快）的消费体验，而这一流程正在消失。正如10年前酒店退房手续消逝了一样，再过几年入住酒店就不用办入住手续了。欧洲一些高端酒店已经不再要求客户用餐完毕签署账单，酒店方清楚客户的身份并会自动扣款。"少即是多"不是说"物美价廉"，而是指通过减少流程优化服务，从而增加企业价值。

四巨头都有自己的独到之处。听起来很老套，但谷歌确实拥有优秀的搜索引擎，苹果手机性能也非常优良。脸书的推送消息非常简洁，加上"网络效应"（一个产品的用户越多，则此产品对用户的价值越大，而且能吸引更多用户使用此产品），以及源源不断的新功能，脸书平台越发出色。而亚马逊则重新定义了消费者的购物体验与消费期望：鼠标一点商品就能在两天内到货（甚至通过无人机运送，几小时就能到）。上述是人们可以真实感知的产品差异化创新要点。而这些创新无一不是借助（不利于推动社会创新的）廉价资本完成的。以产品为核心的商业模式正在复兴，而差异化的产品正是 T 算法的第一个要素。如果一家企业没有一个真正的差异化产品，那就不得不求助于一种越来越枯燥却又昂贵的工具，名为广告。

2. "愿景" 资本

四巨头第二大竞争力是其能通过向投资者描绘未来愿景而获取廉价资本。本书第二章剖析了亚马逊是如何利用该资本来发展壮大的，但其他三巨头同样拥有这一优势。

谷歌愿景：包揽一切信息。简单明了的一句话却极具说服力，这正是投资者购买谷歌股票的原因。谷歌可用于投入技术研究的资金比任何媒体公司都要多。因此该公司还发展了其他副业，如自动驾驶汽车项目。

脸书愿景：世界触手可及。多么宏伟的目标。目前脸书公司市值超过沃尔玛，高达 4000 多亿美元。同谷歌一样，脸书也有充足的资金用于多线投资。公司员工享有超长时间产假，上下班有车辆接送，还可以在公司办公楼楼顶的花园中放松心情。甚至如果员工要冷冻卵子（精子）延缓生育，公司会承担这部分费用。因为这样可以让员工全心全意地投入造福人类的事业中——世界触手可及。

再来看亚马逊。2016 年感恩节那天，（谷歌上）"最受欢迎的礼物"的自然搜索结果绝大部分是链接到亚马逊的网页。亚马逊是谷歌最大的企业客户，难道这是谷歌安排的？不可否认亚马逊有着高超的搜索引擎优化技术，但若没有在谷歌推广上投入重金，其SEO技能再强大也不过是没有冰球杆的加拿大冰球明星韦恩·格雷茨基。将近六分之一的人会在谷歌上搜索商品，也就是说谷歌实际上是全球第二大零售商窗口。第一大窗口是亚马逊，55%的人直接在其网站搜索商品。而对于梅西百货这类企业来讲，亚马逊和谷歌分别就是屹立在在线电商世界的珠峰和K2（乔戈里峰）。

诚然任何企业都有权在谷歌这个窗口做推广，买下该网站最前列的广告位。比如当用户输入"星球大战卡通人物"时，出价最高的零售商的信息展示最靠前。亚马逊就经常购买最前列的位置，因为其能获得巨额的廉价资本。该企业资本雄厚，而其他企业就很难承受这笔费用。亚马逊手上有一把好牌，完全可以不按常理出牌。正如杰克鲁公司董事长米基·崔斯勒指出的那样："你永远竞争不过一家不用担心成本的巨型企业。"

充足的"愿景"资本会转换成竞争优势。因为这样企业可以更从容地培育自己的产业，而且还可以将多余的资金用于其他创新（篮子里的鸡蛋多了总有一个会孵出小鸡）。虽然最后企业必须向股东汇报目前的进展与最初的展望不一致，但只要该企业动作够快，市场就会奉之为创新者。如此一来公司估值虚高，然后再一次通过讲故事引入廉价资本。数字化时代最成功的天才，是有"讲故事"天分的首席执行官们，通过吸引市场注意力让一群投资者紧紧围绕在他身边。

3. 全球覆盖

T算法中第三个因素是覆盖全球的能力。要成为一家真正意义上的大企业，公司必须拥有一项不受地域限制、为全世界所欢迎的产品。投资者不仅期盼市场份额够大，还希望市场具有多样性。如此一来当某个地区市场低迷时，公司可以依靠其他地区渡过难关。而且如果公司的产品受世界人民欢迎，其客户群体为70亿。但如果市场单一，就算占领最大的市场——中国，受众仅为14亿，美国或欧盟就更不用说，仅为3亿。

　　覆盖全球不是说要征服世界，而是让企业的产品服务足够"数字化"，不因各地文化不同而受影响。优步在境外的收入增长对该企业估值形成了追赶效应。而且由于证明了其商业模式在境外同样行之有效，该企业估值上涨数十亿美元。如果有企业想成为另一巨头，那么其必须都在公司成立5周年之前拿到"全球护照"。读者可能会问，四巨头都是这样起步的吗？答案是只有谷歌一家。但正是由于巨头们的存在而改变了规则。

除美国之外的全球收益比例
2016

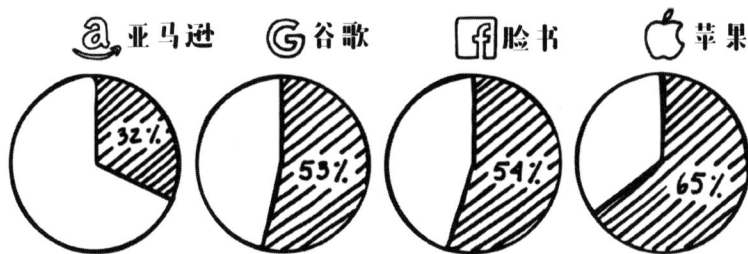

信息来自：
"全球脸书使用者"互联网世界统计
"截至2016年第4季度，按地区划分的Facebook上每个用户的平均收入（美元）。"Statista.
米尔沃德·史蒂芬."如今亚洲是脸书最大的市场。"亚洲科技
托马斯·丹尼尔."亚马逊加强欧洲扩张计划。"《金融时报》

苹果很好地阐述了什么叫全球化产品：其品牌几乎被所有主权国家广泛认可。谷歌也不逊色，除了被赶出中国外，其在各个成熟市场发展强劲。而脸书公司有三分之二的用户来自境外（虽然近半的收益来自国内）。目前其最大的用户市场是亚洲，这是公司以后的增长点。亚马逊在欧洲市场的增长已经超过美国，而亚洲市场仍较为低迷，但这不妨碍其成为一家跨国集团。

4. 令人喜爱

商业活动始终处于被监管中，政府、独立监督机构以及媒体对企业发展影响甚大。如果一家公司被认定具有公益心，关心国家、人民、员工以及供应商，那么当这家公司出现负面新闻时，其正面形象可以缓解负面影响。正如硅谷营销专家汤姆·海斯所言："当出现负面新闻时，企业才后悔以前没有树立好榜样，然而事已至此。"一家企业的公司形象特别重要，外在的形象能反映公司本质。这就是为什么"令人喜爱"能成为 T 算法中的第四大因素。

比尔·盖茨和史蒂夫·鲍尔默既不可爱也不迷人，说他们是路人甲已经是在夸他们了。因此当微软达到一定程度的影响力后，欧洲各地的地区检察官和监管机构对雷德蒙德（微软总部所在地）奇才们出手了。企业越不被公众喜爱，监管干预就来得越快——反垄断、隐私保护等等，也会盘问其供应链是否有问题，要么就是完全不合理的区别对待。人们普遍认为监管机构是基于维护公平公正而采取措施，而且事前会深思熟虑。事实并非如此：法律会决定最终的结果，但仓促而缺少依据就把企业诉诸法律这种行为是主观的。而这个主观性正是基于人们对一家企业的认可或者憎恨程度。

读者是否记得，当年联邦调查局在起诉英特尔公司的同时，顺便也带上了微软（起诉二者均违反反垄断法）。英特尔首席执行官安迪·格罗夫是美国业界最可怕的人物之一，但是当联邦调查局打来电话时，安迪犯了其从业以来最大的"错误"，他几乎完全听命于证券交易委员会的摆布……最终取得谅解。而比尔·盖茨，一个相对来说并没有那么"令人生畏"的人，决定与联邦调查局针锋相对——然后 10 年后，人们认为他已跌落神坛了。

谷歌的形象要比微软正派得多，而且谢尔盖和拉里比比尔和史蒂夫更令人讨喜。谢尔盖和拉里都是移民，长相俊俏，而且还有成功的励志故事。而以前谷歌的门面梅耶尔更是引人注目，这位白肤金发碧眼女工程师来自威斯康星州，其后还成为《时尚杂志》封面人物。谷歌派梅耶尔出席参议院听证会，就"谷歌屠戮报刊行业"发表意见，这绝非偶然。当面临诸如"如果谷歌扼杀报纸核心业务，第四产业将如何生存"这样的棘手问题时，当时梅耶尔的回答是："现在这样说还为时过早。"早吗？报刊行业第四季度的财报说明情况已经岌岌可危了。但是头发花白的参议员却拿这位美女没有办法。

苹果公司是美国商业史上最大的避税者，但是因为产品时尚惹人爱，因此没有人想与之为敌。亚马逊同样如此，相对于陈旧落后的传统零售商，电商就是潮流前线。2017 年 3 月，亚马逊决定在各个州缴纳营业税。能想象吗？一家目前市值远超沃尔玛的公司，2014 年之前仅在美国 5 个州缴纳营业税。亚马逊此前获得的补贴超过 10 亿美元，该公司真的需要政府这笔款项吗？通过有意使其业务处于一种收支平衡状态，亚马逊可以缴纳很少的营业税，而其市值已经接近 5000 亿美元了。

没有一家企业不想跟脸书公司拉上关系。过气的首席执行官们演讲时会把扎克伯格挂在嘴上，虽然小扎既不迷人也不善于演讲。但是跟脸书公司扯上关系会让自己的企业看起来具有朝气。谢丽尔·桑德伯格同样是塑造脸书公司形象的关键人物——长相甜美，被视为现代成功女性的典范。她的作品《向前一步》(*Lean in*)，激励着全球女性勇敢地追求自己的目标。

因为很受大众欢迎，脸书不像微软那样受到严格的审查。最近，脸书通过声称其为"一家平台而不是媒体企业"，试图逃避虚假新闻的责任。这样一家"言论自由的平台"并没有意识到其掩盖了多少真相。

当一名万人迷真好。

5. 垂直整合

T算法中的第五个因素是企业借助垂直整合掌控消费者对整个购物过程的体验。

四巨头都控制着各自的分发渠道。如果某一产品企业本身并不制造生产，他们会寻求生产商（供应商），然后再作为经销商售卖产品，并建立后续的售后支持系统。1995年至2005年间，李维斯市值由70亿美元下降到40亿美元，原因正是其没有自己的分发渠道，而是通过杰西潘尼服装商场来售卖其产品。因此当看到杰西潘尼店里李维斯牛仔裤堆积如山（滞销）时，对于李维斯的顾客而言，这不是一种理想的消费体验。而卡地亚通过不断提升消费者店内体验，其品牌资产已经追平（或许已经超越了）劳力士。所以说顾客购买手表的渠道和方式很关键，其重要性不亚于请体育明星做代言人。

投资于售前阶段（比如广告）的资本回报率已经下降，因此成功的品牌商们纷纷前向整合（译者注：垂直整合分为前向整合和后向整合）——建立自有售卖店或自我宣传。笔者认为宝洁将会收购实体商铺，其必须发展自有的分发渠道。不能完全依靠亚马逊售卖产品，虽然亚马逊作为平台能为其提供便利，但也是其巨大的竞争对手。

谷歌就很好地把握了其技术和服务的卖点。2000 年该公司迅速发展，甚至当时最大的搜索引擎公司雅虎都为其主页购买了谷歌搜索技术。如今已换了天地。而脸书和亚马逊一样，都不生产产品。但除了产品制造和采购不涉及外，二者拥有对用户体验的全局掌控力。外界认为苹果公司最大的创新是 iPhone，但真正让苹果逐渐迈向万亿美元市值的天才一步是：进入零售领域。如此一来该企业取得了其产品分发渠道的控制权和品牌掌控力。而在当时，这个决定看起来似乎缺少战略意义。

企业若想成长到市值 5000 亿美元就必须进行垂直整合。说起来容易但实际操作很难，而且因为建立分销渠道成本高昂，所以大部分品牌商会依靠其他平台。举个例子，如果你是服装设计师丽贝卡·明考夫，在拥有了十几家旗舰店后便不会在世界各地扩张了，因为你没有足够的资本。所以你会借助梅西百货和诺德斯特龙来售卖包包。甚至就算是耐克，相比自己去耗时费力地打造零售系统，还不如直接在 footlocker.com 售卖来得高效。（footlocker.com 是世界上最大的体育运动用品网络零售商。）

四巨头拥有巨大的控制力。如果一家企业不能在其产品分发过程中占主导地位，其将很难保持行业地位。如果三星继续在技术上依赖威瑞森和 AT&T，销售上依靠百思买商店，其必将失去行业光环。

还记得你 15 年前维修苹果电脑的场景吗？那家店柜台前堆满了各种电脑部件，旁边是一些《苹果世界》杂志。为你修理机器的那人看起来是名典型的单身技术宅男，对各种热门网络游戏很在行。苹果公司那时意识到需要转变，后来苹果修理工统一穿上蓝色工作装，并被冠以"专家"之名。同时售后店放置了许多有关苹果产品的资料，用以强化用户对其产品优雅高端感的认同。如今苹果商品刻意装饰得很华丽，正是在提醒消费者和已经购买苹果产品的用户："苹果，你值得拥有。"

6. 人工智能

T算法中第六大因素是企业对数据的挖掘和利用能力。万亿美元市值的企业必须具备这种技术：挖掘并收集用户各类数据，然后利用算法技术分析收集到的海量数据，从而预测用户行为偏好借以优化其产品及服务。这种基于数学模型的技术能在极短时间内（1毫秒）为客户的直接需求提供定制化优化服务，而且随着用户每一次使用该平台，其都处于一种动态优化中。

就如何对潜在客户精准定向推广而言，商业史上市场营销可划分为三大阶段。其中第一阶段采用的是"人口统计"方法。该方法认为，理论上居住在同一个城市的同一年龄层和阶层的人行为表现大同小异，因此这一群体很可能会买相同的产品。这一理论是媒体广告公司购买人口结构数据的基础。

随后市场营销进入"社交定向"时代，这种方法曾风靡一时。当时脸书是这样试图说服广告商的：无须考虑用户人口结构情况，而是对在脸书上给同一品牌点赞的人分类，然后可以定向推广。事实证明这一说法完全是胡说八道。那只能说明用户都在脸书做出了给同一品牌点赞的行为，仅此而已。并不能说明该群体有同一产品或服务的需求。"社交定向"是种并不成功的方法。

最新的营销是通过"行为定向"来做推广。这是种行之有效的方法：没有什么会比用户当前的行为数据更能预测其购物需求。如果一个人登录蒂芙尼网站搜索订婚戒指，并在线预订了一枚戒指，那么这个人极有可能将要结婚。再比如说，如果有人花费了大量时间在奥迪网站查询奥迪 A4 的配置信息，那么这个人的需求就是"一辆价格区间为 3 万至 4 万美元的豪华轿车"。

而由于人工智能技术的发展，如今企业可以很容易跟踪用户行为。这在以前完全不可想象。人们在浏览网页时会一直收到奥迪的广告信息，这并不是出于偶然。"行为定向"如今是市场营销企业争相发展的领域。为了拥有连接用户身份和行为数据的技术，媒体界冷战已然开始。

"行为定向"技术有待进一步发展。在写这部分内容时笔者正从慕尼黑飞往曼谷，而在航班出发之前笔者在慕尼黑一次非常愉快的 DLD（Digital–Life–Design：国际数字生活设计论坛）创新大会上做了发言。DLD 本质上和达沃斯的世界经济论坛一样，一大批崇尚创新的追随者前往慕尼黑"朝圣"，在现代"神父"——特拉维斯·卡兰尼克、哈斯丁、扎克伯格、施密特等脚下顶礼膜拜。很明显，笔者知名度不及上述这些人物。那笔者是如何吸引与会者参加我的 DLD 演讲，并在优兔上获得大量的关注的？——披上假发跳上一段舞蹈（并非在开玩笑）。这个策略对其他发言人并不公平，但所有的好策略都是不利于竞争对手的。

总之，所有的商业战略在笔者看来，可以归结为一点：把不容易办成的事情做成功。

会议上，首先笔者的开场内容要有吸引力。因此笔者着重强调了苹果公司是全球最大的避税企业。因为在立法者看来，苹果就像火辣的学生妹。只要这名学生妹稍微表现一下，他们就会为之倾倒，并愿意与之开启一场虐恋。接着笔者谈及优步，说该企业激发了一种极坏的商业风气。4000 名优步员工和其投资者分享了 800 亿美元财富（或者更多），而 160 万名作为苦劳力的优步司机的工资却少得可怜。过去人们往往欣赏那些创造了数十万中高薪岗位的企业，如今人们心中的英雄是那些创造了十几名"地主"和千万"奴隶"的公司。

对笔者的发言，DLD 会议上的首席执行官们无法给出回应。因为市场会关注他们的回应，这样引发的后果会很严重。此外，如果这些首席执行官不小心披露了非公开信息，他们会陷入严重的法律纠纷中。因此，笔者可以尽情地表演，而这些首席执行官的发言内容全都是经过投资者关系部门审核的，演讲前还排练了多次，因此你不可能在这些内容中听到一些有实际意义的内容。这也是为什么人们会参加笔者的演讲：笔者可以毫不顾忌地说出真相（至少是追求真理过程中得到的结论）。

坐在台下参加笔者演讲的首席执行官们面露微笑，其面部表情就像拥有秘密王牌的扑克牌玩家一样。而他们的王牌正是"数据信息"。在过去 10 年里，世界上最成功的企业都逐渐拥有了数据信息的掌控力——数据采集、分析、利用。由于大数据和人工智能技术的发展，数据抽样统计这种方法已经过时。如今企业可以跟踪世界上每一名消费者的购物行为，从而立即做出响应，调整其折扣活动、商品库存以及店铺布局等。企业每天 24 小时都在根据消费者购物行为做出调整，甚至它们可以通过技术做到每分钟自动响应。奈飞上自动播放下一集的人工智能技术就很不错，如今其他平台也模仿了这一功能。

人工智能技术使得企业对消费者（人性）的了解达到了以前不可想象的新高度。相对于区域型的小公司而言，这种竞争优势几乎能使大型企业立于不败之地。而四巨头正是其中的佼佼者。

数据的掌控力和实时更新产品的技术能力是成为第五大巨头的关键。在收集消费者需求的能力上无人能出谷歌之右。谷歌不仅知道用户什么时候浏览网页，更清楚用户是为了什么而来。当凶杀案调查人员到达犯罪现场调查犯罪嫌疑人（多数是受害者配偶）时，他们会检查嫌疑人的搜索记录，看是否有可疑的谷歌查询信息（比如"如何毒死丈夫"）。笔者怀疑美国政府机构一直以来都在挖掘谷歌信息，其目的并不是想了解消费者的日常购物需求，而是想弄清楚哪些人查找了制造炸弹的化学用品。

谷歌掌握了大量的用户行为数据，但用户的个人身份信息是匿名分组储存的。这种做法有其原因，人们不愿意看到其名字和头像出现在自己所有的搜索信息旁边。

人们肯定在谷歌上输入过一些不想为人所知的疯狂信息，所以用户的搜索信息记录框中，其个人信息必须隐匿。但是谷歌又需要搜集这些信息，因此其会将用户分组，从而清楚某一群体或者某一年龄层的人会在谷歌输入这些信息。故而虽然谷歌的大量数据信息不直接与特定的某人相关，但其肯定清楚某一群体的信息。但如果你认为谷歌不能确定个人身份——别忘了其以前还声称会定期删除用户记录呢——那它又是怎么协助调查人员工作的？

脸书能将大量的个人与其动态信息联系起来，10亿用户每天活跃在脸书上。人们在脸书上积极发布信息，记录其行为、欲望、朋友关系以及恐惧和购买意图。

因此，脸书比谷歌更能确定用户身份，在向特定人群推送广告信息时更具优势。

如果笔者在中国香港拥有一家面向家庭居住的酒店，笔者可以在脸书上购买广告位，专门针对那些每年至少来此旅游两次且收入达到一定水平的家庭群体。由于脸书可以将信息与个人身份联系起来，因此其可以为每个人提供合适的服务。但是人们似乎并不觉得惊悚，因为这些信息都是用户自己自愿公开的。

亚马逊拥有 3.5 亿张信用卡信息和消费者购物数据。该公司比任何一家企业更了解消费者需求。而且亚马逊能将消费者身份、消费模式以及消费行为三者连接起来。而苹果也不甘示弱，其掌握了 10 亿张信息卡信息，并且清楚苹果用户最喜爱的媒体平台。如果 Apple Pay 发展起来，其掌握的数据信息将会更庞大。苹果也能将消费数据与用户身份连接起来。在信息时代这是笔巨大的财富，就好像在智利拥有金矿或者在沙特阿拉伯拥有油田一样。

另一个同等重要的能力是，上述企业可以利用软件和人工智能技术寻找新的商业模式并优化服务。亚马逊在发布新产品前，会选取两个客户群体分别发送 A、B 两个版本，最后选择效果最好的版本正式发布给全部客户。而谷歌在任何人之前便能知晓用户的意图。脸书很可能比历史上任何企业都更了解用户行为动态和朋友圈关系。最终汇聚各类天才员工和用户信息的这些企业目的何在？卖出更多的"狗皮膏药"。

7. 人才吸引

T算法中的第七个因素是企业吸引顶级人才的能力。在求职者看来就是哪家公司有更大的职业发展空间。

如今市场对科技人才的争夺战已硝烟四起，吸引和留住最优秀的员工成为四巨头们的首要问题。它们不仅要在年轻的消费者中树立良好的品牌形象，同样要在潜在的员工中建立美好的公司形象，这二者是保持成功的关键。事实上，这二者中员工比消费者更为重要。因为拥有顶级人才的团队更容易获取廉价资本、引领公司创新，从而使企业在激烈的竞争中脱颖而出。

如果你是班级里的最优生，那么你的智力、勇气和情商在职业发展上能提供给你很大的助力。但是初出校园你没有方向，就像学会飞行前的钢铁侠一样，到处乱撞。有极大的动力但就是在职业上没有进展。你需要找到正确的平台来给你安排合适的岗位，从而进入职业快速发展通道。

四巨头在员工职业发展上声名卓越。一个 25 岁的天才进入四巨头后其 30 岁之前获得的财富、声望、机会等超过绝大部分其他企业的同辈。想进入四巨头工作，必须经历异常残酷的竞争。在美国西点军校的学员第一次晚饭中，通常这些候补军官会被询问孩童时代有没有什么了不起的成就，如果答案是肯定的，那么该学员会站立起来。最优生？校运动员？鹰童军？民族功勋学者？而当学员们站立起来回顾四周时，他们会惊奇地发现每个人都有上述成就。同样四巨头也是如此，申请者的最低门槛是拥有某项非凡成就。谷歌因其考核候选者的面试题而声名狼藉，其中包括一些没有答案的奇怪问题。整个面试流程就是在向候选者示意：如果最终你能留下来，那么你就是这一代天才中的天才人物。

没有证据表明这样的面试流程是种行之有效的人才选拔方式，但这并不重要。进入四巨头任何一家企业工作都意味着你拿到了一张科技"宇宙飞船"的门票——你的职业发展路线将是垂直上升型的。

8. 地理位置

地理位置很重要。在过去的 10 年里，几乎所有创收达数百亿美元的企业都与世界顶级科技高校相隔不远。移动研究公司（RIM）和诺基亚都是它们各自国家的骄傲，同样二者都离其国内最优秀的工科高校很近。从世界顶级高校为企业建立人才输送管道的能力是 T 算法中第八因素。

四巨头中的三家企业——苹果、脸书、谷歌，均与世界顶级工程技术高校斯坦福大学（排名第二，骑自行车十来分钟时间）以及加州大学伯克利分校（排名第三，需要开车一小段时间）关系密切。很多人认为华盛顿大学（排名第 23，与亚马逊关系密切）与前面两所高校同在一个级别。

要对求职者有吸引力，首先公司需要"原材料"。正如以前人们会在煤矿附近建立发电厂，如今商业中的"原材料"是顶级的工程、商业以及人文科学人才。软件科技正改变世界。因此企业需要建设者，需要那些能够编程、能够在科技与世界的交互中为企业或者消费者创造价值的人。而最优秀的工程师和管理者最可能来自最顶尖的大学。

此外，未来 50 年里全球三分之二的 GDP 增长将来自城市。因为城市不仅能吸引最优秀的人才，同时也能培养出顶级人才。城市中的机会和挑战能使其会聚各种天赋异禀者，因此城市发展会越来越好。在许多国家，如英国和法国，一个城市就贡献了全国 GDP 的 50%。而且 75% 的大型企业坐落于同一座城市，可以称之为全球超级城市。在未来的 20 年里，这种趋势可能会增强，因为现在公司需要跟随有才能的年轻人，而不是相反。

应用 T 算法是相当容易的。笔者曾告诉耐克公司，如果要想达到万亿美元市值，必须完成以下三件事：

● 10 年内直接销售给客户的产品（不通过中间商）比例提升到 40%（2016 年这一比例接近 10%）。

● 充分挖掘数据并利用其改善产品和服务。

● 公司总部迁出波特兰。

笔者早就预料到，学习 T 算法本身很容易。让企业采纳你的建议（总部迁出波特兰）才是最难的部分。

THE

FOUR

Chapter
9

第九章

潜在的第五巨头

现在我们把巨头们的各大因素应用到有潜力成为第五大科技巨擘的一系列新兴企业上。本书将会探究这些企业哪些方面做得特别好，哪些方面有待改善，要成为第五巨头还需要做哪些改变。

由于科技的发展、市场和人口结构的变化，伟大的公司通常会从人们意想不到的地方或者行业冒出来。因此本书列举的潜在公司名单或许并不全面，探究的目的是引发对企业发展深入而广泛的思考。

尽管四巨头有上述八大共同点，它们在数字化时代也都扮演着特殊的角色，但四者的突出地位是通过不同途径而来。脸书和谷歌称王称霸的领域 25 年前并不存在。另外二者，亚马逊和苹果占据的是发展成熟的行业。亚马逊是通过残酷而高效的运营能力和能获取廉价资本的优势战胜竞争对手的。苹果引领了产品创新从而保障了其在高端市场的地位：创造一个市场价值数十亿美元的新产品，从而成为全球最伟大的品牌之一。脸书拥有 10 亿用户时，其创始人还不到 32 岁。而苹果历经了一代人的发展才有了如今主导全球的地位。

因此第五大巨头可能并非数字化时代的塑造者——不一定会来自互联网行业。它可能不是人们口中吹捧的独角兽企业，其创始人也不一定是大学肄业生。

　　而且下一家巨头企业可能并非来自美国，虽然在其成功登顶的道路上必须要先征服美国市场。

　　同样我们不能认为，四巨头在未来的几十年里一定还会保持现有的行业地位。毕竟 20 世纪 50 到 60 年代时曾经统治着整个电子设备行业的 IBM 如今在硬件市场已无一席之地，在领导层的一些惊人举措中，转变成了一家咨询公司。而且就在 10 年前，惠普还是当时世界上最大的科技公司，其后在软弱的高层领导下逐渐失势，分崩离析。同样，微软曾震撼了整个商业界，尤其是科技领域，90 年代其发展势头不可阻挡。如今其虽然仍是一家大型企业，但是没人会再认为微软是注定统治全球的巨人。

　　尽管如此，但正如笔者在前几章中所阐述的那样，目前四巨头在产品、市场、市值、人才和管理等方面都有一定的优势，而且它们深入研究了早期巨头们失势的原因。看起来似乎四者在未来一段时间内不大可能会失去统治地位，它们都在奋战，不会轻易放弃目前的领先地位。尽管四者在某些领域有碰撞，但在斗争变得激烈之前四者会腾出一些缓和空间。现在，四者似乎（有点）满足于共存发展而不是斗个你死我活。

　　下面本书将介绍竞争者。

阿里巴巴

　　2016 年 4 月，一家中国本土在线商务公司一举超越沃尔玛，成为全球最大的零售商。沃尔玛落败不可避免，但令人惊讶的是击败这家总部位于本顿维尔的庞大企业的不是亚马逊，而是中国马云创建的阿里巴巴。平心而论，这一定程度上得益于阿里巴巴的商业模式。阿里巴巴实际上是一家零售商平台，包含电子商务、网上购物、

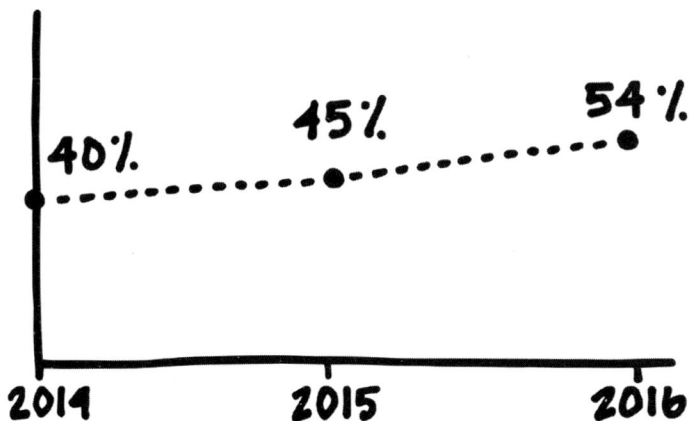

阿里巴巴　年度同比增长率
2014-2016

信息来自：阿里巴巴集团 2016 财年业绩报告——第三季度 截止至 2016 年 12 月 21 日（整理于 2017 年 1 月 24 日），第 2 页，来自阿里巴巴官网

在线拍卖、资金转账、云服务以及其他一些业务。阿里巴巴平台上交易的商品总值（GMV）高达 4850 亿美元，这一数值超越了沃尔玛。但实际上阿里自身收益只占很少一部分，2016 财年该公司盈利为 150 亿美元。

　　但是规模很重要，没有任何一家企业管理的零售品交易量能与阿里相比。其在中国零售业中市场份额高达 63%，中国邮政的包裹中 54% 来自阿里。而且阿里拥有近 5 亿活跃用户（4.43 亿），移动端的月度活跃用户更多，达 4.93 亿。同四巨头一样，阿里重塑了中国零售市场。其将本来并不起眼的"光棍节"（11 月 11 日）变为全球最疯狂的购物节（双十一）。2016 年双十一当天，阿里平台商品交易总额达 174 亿美元，其中 82% 的订单来自手机端。

阿里之所以如此成功是因为其满足了本书列举的绝大部分因素。该公司发源地——中国市场巨大，那里成千上万的小型制造商迫切希望能突破地域限制，连接到外界。而且其在很短时间内业务就覆盖全球，几乎遍布世界上每一个国家。同时阿里 AI 技术发达，已经应用到其商业服务中。市场对其估值极高，因此该公司拥有足够的资本。阿里巴巴发展速度之快，在全球根本难逢敌手。因此零售商们更可能会"顺从"阿里而不是与之对抗。许多进入中国市场的西方品牌商已经关停了其自有的销售网站（这在美国和欧洲是不可想象的），而专注于在阿里巴巴和天猫上打造店铺。

投资者们对阿里极其关注。2014 年该公司在美国 IPO 上市，是至今为止美国史上最大的 IPO。当时阿里募集资金 250 亿美元，市值达 2000 亿美元。但自上市之后，阿里在股票市场表现不佳。2017 年年初，BABA（阿里股票代码）股票市值下跌 15%，而同期亚马逊增长超过 100%。

尽管阿里规模巨大，但如果该公司在数字化时代立志于成为像四巨头一样的全球性重量级玩家，其仍然面临着重大挑战。全球性，顾名思义，阿里的业务仍需要在国外市场取得实质进展。尤为重要的是，该公司必须在美国建立起真正意义上的商业业务，而目前阿里几乎无一例外是以投资者的身份参与美国商业的。中国市场近些年越发不稳定，但阿里 80% 的业务仍来自中国。

如此看来，阿里走向主导全球的道路充满崎岖。首先，中国鲜有影响全球的消费品企业。这个世界上的"全球品牌企业"一般来自美国和欧洲，近些年来日本和韩国也有出现。而且，阿里巴巴的早期声誉也因打击假冒伪劣力度不够受到影响，这也不利于其走向世界。

苹果曾成功消除了人们对"中国制造"的担忧，阿里或许能从中受益。而且从微信等中国公司拓展全球业务的进程中，阿里也能借鉴一些。但最终，伟大品牌的力量来自公司领导力、产品的高质量以及对消费者的吸引力，这三者阿里巴巴还有欠缺。2016 年福布斯百大最有价值品牌中，并没有包含阿里。

另外阿里还缺乏"愿景"资本，其"讲故事"的本领还有待提高。故事不仅要跟消费者讲，还要跟投资者讲，阿里巴巴不甚透明的管理模式使得"故事"也被蒙上了阴影。相较之下，四巨头才是其中的行家。通过描绘企业愿景，四者成功地让投资者加入其伟大的进程中。正如本书此前曾提及的那样，仅仅在某方面成功还不足够成为全球巨头。

至于人才吸引方面，毫无疑问对中国和其他发展中国家的求职者而言，入职阿里是实现个人价值很好的途径。但对于西方人来说，入职阿里吸引力并不是很大。事实上这可能会被认为是种耻辱，因为这也意味着阿里已经在西方市场站稳脚跟了。

阿里会发现其很难招到顶尖人才，因此其"智力"资本也不达标。包括美国和欧洲政府在内的任何民族主义者都可能会从地缘政治的角度来看待阿里巴巴，然后以监管、调查以及其他的阻碍形式来表达对阿里的"关怀"。这些"关怀"不一定都是政治问题——马云最近声称，美国证券交易委员会正在就公司复杂结构所涉及的各种报表信息对阿里巴巴进行调查。马云曾说："阿里巴巴的商业模式在美国没有可以参照的样本，让美国理解阿里巴巴的商业模式不是一天两天的事。"这又是一个不利于阿里的消息。

最后，在阿里巴巴全球化进程中数据隐私问题可能也会成为公司的阻碍，人们对隐私的担忧会限制阿里人工智能技术的运用。

特斯拉

回顾商业史，向大型汽车进军的企业家们尸骨累累。一些企业的发展过程甚至还被拍成了电影，比如《塔克：其人其梦》。而当前有关埃隆·马斯克的电影似乎很受欢迎，颇有当年格温妮丝·帕特洛之风。

特斯拉当然也面临着诸多挑战，但在我们有生之年其成就已超过任何一家创业公司。而且该公司看起来似乎很好地巩固了其在电动汽车市场的领先地位。虽然目前绝大部分特斯拉汽车是面向硅谷精英们的奢侈品，但其产品的全新设计、在数控上的创新以及对基础设施的大量投资（尤其是雷诺郊外的大型电池工厂），再加上一名想象力堪比爱迪生的领导，意味着特斯拉可能会突破小众领域面向大众市场。

特斯拉首次批量生产的汽车——Tesla Model S，获得行业里无数奖项，是有史以来第一个获全票通过的年度"驾驶者之车"，2017 年消费者报告汽车品牌排名中位列榜首，《名车志》评为"世纪之车"，《英国疯狂汽车秀》评为史上最具价值的车。在 2015 年，尽管其产品价格是竞争对手的两倍，特斯拉仍是全美销售最高的插入式电动汽车品牌。

特斯拉即将推出的 Model 3 可能会使该公司步入汽车巨头之列。该款车基础售价 35000 美元，仅在其发布会后一周内，Model 3 的订单量就达到 325000 辆（每辆车定金为 1000 美元）。很少有公司能在一年内 0 成本借到 3.25 亿美元，就"讲故事"这一技能而言，特斯拉跟四巨头在一个级别。

尽管如此，特斯拉要想在将来真正成为第五大巨头，这其间仍有诸多变数。事实上，该公司面临的挑战要远超传统汽车企业。首先特斯拉需要建立庞大的充电站点以及服务网点（客户订单积压很多），要在全球布局分销渠道，应对监管汽车工业的监管机构，还要兼顾政府对电动汽车的期盼（同时从政府那里谋取补贴）。但目前看似是阻碍的因素以后会成为企业保持长久繁荣的护城河。特斯拉和当前企业一样，不太符合 T 算法。

把特斯拉应用到 T 算法的标准中（八大因素）。其产品不管是在创新上还是质量上都无与伦比。特斯拉不仅是一款电动汽车，且在多个维度都比普通汽车优秀。其产品拥有广泛受人喜爱的基于触摸屏的仪表板、远程软件更新技术（大数据／人工智能技术）、行业领先的自动驾驶模式，以及人们喜爱的触感设计。

特斯拉对其顾客消费体验的控制方式没有其他汽车企业做到过，或者说如果不投入重金进行彻底的变革，它们根本没能力做到。传统汽车公司都没有进行垂直整合，它们奉行轻资产管理模式，产品售卖依靠的是独立的第三方经销商，而汽车经销模式从 1985 年来并没改变。这些根深蒂固的经销商的存在，限制了汽车企业对其产品在离厂后的维护能力。而且，一个只专注于将钢铁从停车场地移走的行业（经销商）在汽车公司和消费者之间制造了一个鸿沟。

特斯拉对汽车业最具革命性的变革不是电动发动机（每家企业都在制造这种发动机）而是该公司更接近顾客。从马斯克线上直播产品发布，到拥有自有的分发网络，再到定期远程的产品更新，特斯拉清楚：客户掏钱（5 万—10 万美元）购买产品意味着与客户多年关系的开始。而不像约翰·艾尔威的吉普一样，客户付钱后就结束了。如果特斯拉在快速增长的同时，也能长期保证高质量客户对其的支持，特斯拉产品的高复购率将会长期为其"故事"大大增辉，如此一来该公司能够获得廉价资本。而廉价资本反过来又能用于增加用户体验、提升复购率等等一系列项目。

尽管汽车销量是福特和通用的五分之一，但特斯拉收益为二者的9倍。2017年4月，特斯拉市值超过福特，而2016年特斯拉汽车销量仅为8万，福特这一数值却高达670万。自从2010年首次公开募股以来，特斯拉会定期进行二次融资。最近一次融资金额为15亿美元，该资金用于推动Model 3的产量——尽管该企业没有一个季度实现盈利。这是因为投资者相信马斯克的"故事"，从而对其描述的愿景做出了反应。马斯克可是自称要把火箭送入太空，彻底改变汽车工业，转变能源储备产业的人。据说他还会利用晚上和周末的时间来建造高超声速列车。如果人们能回到过去投资于爱迪生的想法该多好，不过现在机会来了。

投资者之所以购买该公司股票是认为特斯拉将拯救世界，他们对公司"使命"的重视远高于产品。但特斯拉不是普罗大众能拥有的帝豪，其同样是一个奢侈品牌。如果把其他电动汽车比作伯肯斯托克，那特斯拉就是玛莎拉蒂。除了特斯拉之外，没有任何汽车公司能给客户传递这样的信息："你不仅品位高端，而且还关心环保。"换句话说，特斯拉让用户觉得拥有其产品会对异性更有吸引力。这也意味着，特斯拉甚至比苹果更能满足人们下半身的需求。

读者千万别认为特斯拉会仅仅满足于电动汽车行业。该企业正在发展其在电力数据抓取、储存以及传输上的技术。在谷歌和苹果还在研究阶段时，该公司便把自动驾驶汽车技术应用到成千上万的道路上。上述技术没有局限在个人汽车领域，还应用到新能源电力以及数字时代其他电力用途上，而特斯拉有潜力成为早期市场的领跑者。

尽管如此，特斯拉在成为巨头的道路上仍然存在两大障碍：首先，其还不是一家全球性的公司——大部分业务来自美国；其次，特斯拉

市销率
2017 年 4 月 28 日

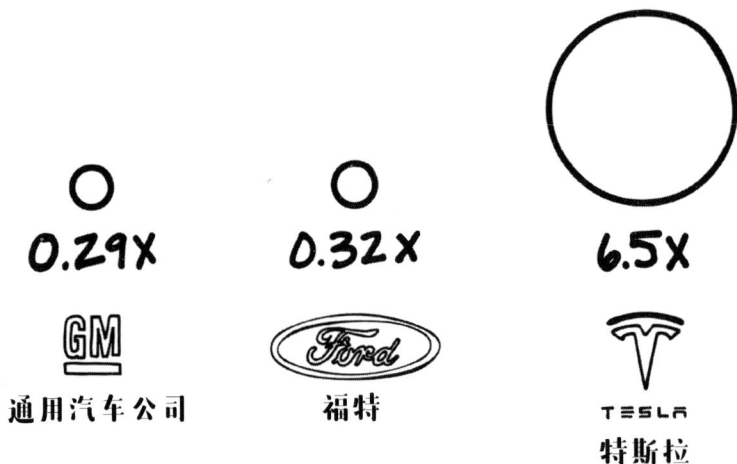

0.29X	0.32X	6.5X
GM	Ford	TESLA
通用汽车公司	福特	特斯拉

信息来自：雅虎财经 .https://finance.yahoo.com/

的客户群体规模不大，因此其还没有关于个人行为的数据。但是它的汽车是数据收集机器，所以这里的挑战是规模和执行，而不是底层技术能力。

优步

截至笔者在写这篇文章时，世界上有 200 万人为优步工作（称为优步合伙人）。这一数值超过德尔塔、联合航空、联邦快递和 UPS 总共的员工数。而且优步每月新增司机数超过 5 万名。优步出行服务遍及 81 个国家和 581 个城市，并且优步将赢得其中大部分市场。

洛杉矶 2016 年打车出行中出租车只占 30%。纽约依靠出租车和优步出行的次数分别为 32.7 万和 24.9 万，二者相差不大。对世界各地的许多城市居民来说，优步已经成为默认的交通解决方案。优步已经代替偏好黄色（出租车的颜色）的当地出租车运营商成为出行领域的主导者。

这些天笔者每访问一个城市，第一次和最后一次的花费都是用在优步上。想象一下，每个前往或者离开一个城市（或国家）的人都要花费100美元。全球所有的商务人士，一个极具市场吸引力的群体，都与优步有这种连接关系。

笔者前段时间因为要出席戛纳创意节，便飞往戛纳。下了飞机后，笔者打开手机找到优步 App。发现上面有 UberX、Uber-BLACK 以及一个叫作 UberCopter 的服务。出于好奇，笔者点击了 UberCopter 按钮。10秒钟后，笔者接到一个电话："在行李寄存处等我。"

然后有人过来把我送进一辆奔驰车，驱车半小时后到达直升机停机坪。笔者支付了 120 欧元（大概比汽车贵 20 美元）登上直升机，里面的飞行员看起来像是我的报童。直升机颠颠簸簸越过科特达祖尔，在距笔者预订的酒店 300 米处停下。那一刻，笔者感觉自己就是《007》里面的詹姆斯·邦德。虽然没有其冷冽、性感、英俊，但就是感觉跟他很接近。

这不仅超级酷炫，而且很有可能，因为优步能够获得"愿景"资本，这样该企业便能利用其创造性给客户带来"违反常规"的极致体验。该企业完全可以做出"疯狂的"举动——让每个人从机场乘坐直升机到豪华酒店，或者情人节时给客户运送小猫。但优步的纵向发展并不好，因为汽车都掌握在司机手中，而司机会经常和其竞争对手合作。不拥有汽车这种轻资产模式使得优步能够快速扩张，但同时也让其脆弱不堪，因为这也意味着优步没有护城河。正如读者所知，优步大数据技术相当优秀，它知道用户所在地点、目的地以及用户经常去的地方，这些信息都跟用户身份连接起来了。优步 App 已经可以根据用户的出行记录自动填充目的地，这是款被用得越频繁越具价值的产品。

在人才招募上优步并不如其在出行领域那么出名，因为很少有人认识优步总部员工。该公司仅有数千名员工，但他们技术能力高超。优步能很好地将地主（8000 名员工）和奴隶（200 万司机）分隔开来，司机时薪 7.75 美元，4000 名员工分享公司的 700 亿美元，剩下的 4000 名员工时薪总共 200 万美元。优步的发展压榨了全球劳动力。

仅仅是一项出行服务就让优步市值 700 亿美元，这合理吗？笔者深表怀疑。但优步不仅是提供出行服务，实际上，汽车之于优步如同书籍之于亚马逊。诚然出行是很好的业务，优步也做得很成功，但其并不满足于此。优步最大的资产是其庞大的司机队伍（很快该企业会有自己的司机团队）。在加利福尼亚优步试行推广了送餐服务优步生鲜（UberFRESH），在曼哈顿试行了包裹运送服务优步速递（UberRUSH），在华盛顿特区，优步创办了优步小店（Uber Essentials），一种生活必需品的在线订购和送货服务。优步似乎正在全球布局其"最后一公里"运输系统，为全球商业部门运送货物。

对于企业和个人而言，货物运输是个巨大的麻烦事。而优步就像是"星际迷航"的运输机，当然运费更低、货品更安全（速度也会慢一些）。或许人们还没意识到，我们将很可能会看到优步和亚马逊在争夺"最后一公里"市场上展开你死我活的争斗。而对于联邦快递、UPS 快递和敦豪速递等企业而言，它们将会在这场颠覆中获取教训。

优步几乎满足 T 算法中所有的因素：差异化的产品、"愿景"资本、全球覆盖、大数据技术。也就是说除了公司执行力（当然这也不是小事），优步成为巨头只有一个障碍。但要达到万亿美元市场的规模，这个障碍对其影响很大：公司形象不佳。在这方面优步面临两大挑战：

首先，该公司首席执行官是名奇葩，或者至少人们认为是这样的。这引发了许多消费者卸载优步 App 的事件。而且该公司很可能会在短时间内市值蒸发超过 100 亿美元，这不是因为一些数量的用户卸载其 App，而是市场出现了替代品。因为优步垂直整合不成功，来福车（Lyft）公司也能获取大量的司机。此外，不仅公司首席执行官声名不佳，2014 年，优步一位高级副总裁建议——在媒体在场的情况下——雇用人员来挖掘那些写了公司负面新闻的记者的丑闻。还有一系列报道称，优步管理层出于娱乐或其他个人原因，利用技术实时跟踪乘客，包括媒体人士。而在法国，优步开展了一项广告活动，往轻了说涉及性别歧视，但也可以这样认为，优步实际上是提供良好护送服务的企业。2016 年，因为涉及过度滥用跟踪技术，优步被纽约总检察长罚款 2 万美元。

最糟糕的是，2017 年 2 月，苏珊·福勒对优步内部的性别歧视指控让公司形象大受打击。在一系列事件中，中高级人员有的麻木不仁，有的感到良心不安。有些时候混乱的初创企业可以逃避这一系列事件的责任，但行业巨头要表现得成熟些。大批人员本应及时罢免，但优步 4 个月后才采取了行动。2017 年 6 月，尽管外部律师所建议重新分配卡兰尼克负责的业务，董事会最初并没有解雇卡兰尼克，而是宣布他将无限期休假。这一决定表现了董事会极差的判断力，从而使事件进一步恶化。迫于投资者的压力，卡兰尼克在随后的一周辞职。毫无疑问他是名极具天赋的远见者，创建了一家改变世界的企业。但随着公司迈入新阶段，它需要的是一位拥有危机处理能力且极其专注的首席执行官。优步如今市值超过大众、保时捷和奥迪，千万家庭以及投资者都依赖于该公司及其领导层。现在卡兰尼克已经出局，该公司的形象再也不会受其影响。

上述争议会影响优步吗？是的，但影响会滞后，而且被影响的方面可能与读者所想的不一样。消费者虽然会大谈社会责任，但事后他们还是会购买手机、迷你裙，不管生产这些产品的工厂里是否有人自杀，是否有人把水银倒进饮水机。同样，优步有一个极为出色的产品，该公司收益会继续增加。受影响的方面是管理层，他们会心烦意乱，因为企业再也难以吸引并留下顶尖人才了。而人才正是数字化时代商业战争的核心。

除了以上管理层问题和公关危机外，管理层其下级部门的行为也对优步形象有所影响。毋庸置疑，优步继承了硅谷伟大的传统，是一名颠覆者。不巧的是，优步颠覆的是一个受到严格监督的市场（出租车管控严格），而优步的优势在于其不受相同的条例管控。因此该企业可以雇用任何司机，任意为其服务定价，市场也给予优步丰厚的回报。但优步的竞争对手在大部分地区就不能这么"肆意妄为"了。优步也不一定要公平与出行对手（例如来福车）竞争。据报道，优步员工多次组织起来，反复订购和取消竞争对手的出行服务来打击对手。这类似于现实世界的 DoS 攻击。（DoS 攻击是指故意攻击网络协议实现的缺陷或直接通过野蛮手段残忍地耗尽被攻击对象的资源，目的是让目标计算机或网络无法提供正常的服务或资源访问，使目标服务系统停止响应甚至崩溃，而在此攻击中并不包括侵入目标服务器或目标网络设备。）

在更广泛的层面上，优步的商业模式长期受到指责。因为车主和优步并不是雇佣关系，另外车主不仅薪资低廉且工作极不稳定。而优步声称其并不是一家提供出行服务的企业，而是为车主提供一个可以通过共享汽车获取收益的 App。这引发了公众对于优步的一系列担忧，比如司机的保险和福利待遇、优步能尽的安全义务等问题。

因此在 2017 年 2 月，"封杀优步"的活动短时间内迅速得到大量的响应，致使约 20 万用户删除优步账户。事件的起因是，美国出租车联盟为抵制特朗普的"穆斯林入境禁令"，号召司机在纽约肯尼迪国际机场举行罢工游行。（但优步不仅服务不会因罢工而受到影响，公司甚至关闭了肯尼迪机场附近的"动态调价"功能，使得旅客们可以低价搭乘优步转车离开机场。）抗议者认为优步利用罢工事件来向机场滞留的人群做市场推广。这一说法正确与否并不重要，但用户（甚至是忠实粉丝）对于优步的担忧可见一斑。

优步对于社会的利弊有待进一步研究。但从优步中人们可以想象到数字经济的未来：能为消费者提供极致体验的各种了不起的应用程序，这受投资者支持；但数百万人工资低廉的同时，小部分人群能分享巨大的财富。千百地主，亿万奴隶。

沃尔玛

在争夺数字时代零售霸主的战争中，沃尔玛暂时落后于亚马逊，但这场争斗还没有结束。沃尔玛在 28 个国家共拥有将近 12000 家商场，2015 年该公司总体收益跃居全球首位，而在美国亚马逊更是常年位列榜首。

当世界刚进入互联网时代，那时沃尔玛看起来是终将灭绝的恐龙。但接着企业逐渐意识到要想保持线上商业长期发展，必须在现实世界打造包括商场在内的基础设施。这意味着沃尔玛仍是一股不可忽视的力量。该公司在商品库存和运输服务系统上有几十年的管理经验。同时其12000 家商场也可以是 12000 家仓库、12000 家客户服务中心或者 12000

家陈列室。另外有趣的是，一些消费者就居住在沃尔玛停车场的房车里，这也是其一大竞争优势。

2016 年年末，沃尔玛以 30 亿美元的价格收购了杰特公司，平均到杰特每个员工为 650 万美元。杰特公司并没有一个切实可行的商业模式（亏损达 200 亿美元），而且收购完成后，其每周需要在广告上的投入就高达 500 万美元。但是杰特公司拥有巨头的特征"讲故事"。善于使用"动态定价策略"的马克·劳尔很可能会是沃尔玛的救世主。马克·劳尔是杰特公司的创始人，在这之前其创办的奎德斯公司被亚马逊收购。笔者认为沃尔玛收购杰特公司，就如同面临中年危机的人得到了护发素。不过这个护发素有点贵，价值 30 亿美元。平心而论，杰特公司在电子商务方面似乎已经恢复了良好状态。通过"线上下单，实体店取货"这种方式，劳尔提高了该企业的运营效率、价格透明度，并节省了企业成本。最后会发展到什么程度，我们拭目以待。

但沃尔玛寻求"变年轻"只是个开始。该公司虽然能够获得巨额资本，但融资成本并不低。这是因为其产品利润率不高，这也是零售企业的"通病"。当这家位于阿肯色州的零售商意识到盈利受到冲击时，其（正当地）增加资本输入与亚马逊竞争。然而结果是，第二天亚马逊蒸发了相当于梅西百货的市值。

此外，沃尔玛公司形象并不好。因为其拥有的员工数量居世界之最，而其中拿最低标准工资的人数又是美国之最。与之形成鲜明对比的是，沃尔玛又产生了数位美国顶级富豪（山姆大叔的儿子们），他们的财富超过 40% 美国最底层家庭总和。最后，如果读者想知道哪些人还没有智能手机或者哪些家庭还没有装宽带，不用多想了，就是沃尔玛的顾客。"与社会脱节"这个词组很好地形容了沃尔玛的客户群体。数字编程和创新对这个群体的生活推动力不大。

微软

微软不再是曾经那个可以主宰整个个人电脑领域的雷德蒙德巨兽了。但 90% 的桌面电脑仍然使用的是 Windows 系统，其中一半安装的是老旧的 Windows 7。Office 同样还是全球电脑默认安装的办公软件，而专业工具如 SQL Server（数据库软件）和 Visual Studio（软件开发工具）依然遍布全球。若非该公司手机操作系统（Windows Phone）项目一败涂地，微软很可能已然成为第五大巨头，依旧是全球最具影响力的企业。但如果微软能够将纳入旗下的领英（LinkedIn）发展壮大，其未尝没有机会。

此外，云服务 Azure 可能会成为微软业务增长点，加之该企业又引入了一位年轻的新任首席执行官，这些都为微软的"故事"注入了新活力。虽然微软没有了曾经那样对人才的吸引力，但其对于企业（四巨头面向的是个人消费者，微软面向的是企业客户）的专注使得该公司能在这一领域有所发展。而且企业服务这一领域不管是创新程度还是竞争力度都不及个人消费领域。

另外一个"故事"（增长点）来自领英。

领英如同商务社交领域的脸书，但与大型社交网站脸书相比，其拥有某些重要的特性和确切的优势。脸书公司的收益主要来源于广告收入。相比之下，领英有三大业务：1. 市场解决方案；2. 人才解决方案；3. 高级订阅服务。

这三者相对平衡。而且由于其可以通过订阅服务获取收益，使得领英更具独特性。这不仅相对于脸书，于其他主要的社交媒体玩家同样如此。

领英同样面临着令人艳羡的竞争格局——根本没有真正意义上的

竞争对手。虽然市场上存在一些关于某些特定职业的细分网站，而脸书一定程度上也是潜在的竞争对手，但没有任何一家企业能像领英那样大范围覆盖职场和商业关系网络。用户可能会从脸书跳到照片墙，从照片墙跳到微信，或者再从微信跳到推特等等。但在 B2B 领域，用户只能把其简历放在一家平台上，那就是领英。就算用户对领英不满意，或者认为该平台服务不够好，他也别无其他选择。领英是该领域唯一的平台，而且短期内并不会出现明显的竞争者。

领英的商业模式同样决定了其拥有令人眼红的客户群体。超过4.67 亿人注册了领英账户。这不仅仅是 4 亿多人的问题，更重要的是这一群体主要是由（想要展示自己职场经历的）优秀的大学毕业生和全球商业领导（每 3 个人中就有 1 个拥有领英主页）构成。因此如果你问领英上都有哪些用户，答案是"所有有影响的人"。有一小部分婴

领英收入来源

2015

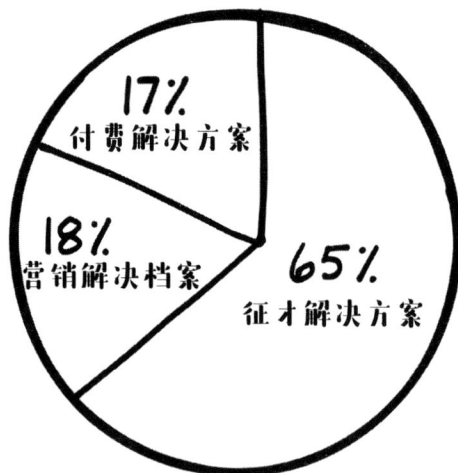

- 17% 付费解决方案
- 18% 营销解决档案
- 65% 征才解决方案

信息来自：领英企业传播团队"领英宣布第四季度和 2015 年全年业绩。"领英。

儿潮时代出生的首席执行官不在领英上，因为他们不想被求职者骚扰，或者还在努力弄清楚摩托罗拉手机的功能（没跟上时代）。除了这一小部分群体外，领英用户群体覆盖全球各地。（顺便提一下，B2B 领域广告市场价值是 B2C 领域的两倍，因此领英市场潜力超过所有的 B2C 社交平台。）

然而，领英面临的问题是，专注于商务社交同样限制了公司发展。领英之所以成功是因为其服务范围相对狭窄，市场相对较小。构建全球商务关系网络的确是门很大的业务，但对于立志成为第五巨头的企业来说，这仅仅是个开始。

领英平台的构建以及发展战略如今完全取决于微软。与 Outlook（微软邮箱）和微软其他办公应用程序整合的市场潜力极具吸引力，更不用说领英还可以与 Windows 系统和微软手机业务结合发展。但这些发展同样可能会摧毁领英的所有雄心壮志，甚至不再作为一家独立的市场主导力量存在。因为领英的命运将会依据其对微软产品的推动力来评估。20 年来，微软为了保持 Windows 系统和 Office 的市场份额，牺牲了其他所有的业务。

因此，领英要成为巨头企业面临的最大挑战是，其必须作为一家独立存在发展，而不是简单地为微软产品提供助力。领英拥有优秀的产品，但其产品还没优秀到脸书那种程度；该公司也能获取"愿景"资本，但其成本要高于亚马逊；如今其被一家正在复兴的企业收购，但微软已经历经 10 余年的衰退了。总之，在这个情况下，领英就如同布鲁斯·詹纳：在各个方面都表现优异的体育运动员。毕竟，布鲁斯在十项全能比赛中获得了奥运会金牌，而且头像出现在笔者小学曾吃过的麦片的包装盒子上。但布鲁斯从未在任何一项单项运动中获得过金牌。正如一句老话说的那样："万事皆通，无一能精。"

爱彼迎

笔者很想简单地把爱彼迎归类于酒店短租行业的优步，然后跳过去分析下一家公司。但相对于优步，其竞争实力和利用 T 算法制定公司战略和分配资本的方法上存在实质的差异。

虽然二者都是全球性企业且都能获取廉价资本，但在产品差异化上有根本的不同之处。纽约大学斯特恩管理学教授索尼娅·马尔恰诺认为，企业建立优势的关键在于：寻找一个真实且可以感知到的较大差异点。比如作为一名十项全能运动员，关键是要寻找存在巨大差异的项目，并在这个项目上建立足够的优势。优步是一个极为优秀的产品，但是如果在不知道使用了哪家共享平台的情况下，读者能分辨出叫到的车是属于优步还是来福车（Lyft）还是柯布（Curb）或者滴滴出行吗？

上述共享平台均提高了打车市场 10 倍以上的效率，但共享平台之间如今产品和服务越来越同质化。或者这种情况已经持续一段时间了，但是优步首席执行官奇葩的行为导致了部分用户转向来福车，从而发现二者的服务并无差别。爱彼迎作为平台方，用户对其信任感更加重要，因为该平台产品间差异巨大（马林游艇、肯辛顿南部的别墅等）。联合航空公司如今的服务较之优步更具差异化，其甚至可以把乘客拖下飞机。但如果人们需要从圣弗朗西斯科前往丹佛，你必须原谅该公司之前的做法，因为联合航空公司有极大的差异化优势（只有该航班才能飞往丹佛，是人们唯一的选择）。

此外，爱彼迎的产品还有另一个护城河，具体就是产品的流动性。流动性指的是拥有足够的客户端和供应端，从而可以提供相应的服务。优步和爱彼迎都达到了这点，但爱彼迎达到的成就更加了不起且难以被复制。优步要在一个城市开展业务需要在该城市拥有大量的司机和有出行需求的人。其巨量的现金储备使该公司有能力扩大市场规模，但其他拥有充足资金的公司也能做到这点。爱彼迎不同，其需要拥有一个城市巨量的（酒店）供应数，而其需求方必须来自其他城市。举例来说，如果爱彼迎在荷兰首都阿姆斯特丹拥有酒店供应，那其客户群体就是所有来阿姆斯特丹旅游的人。优步在每一个大型城市都面临着竞争，因为其只需要在一个城市建立流动性。爱彼迎需要的是在欧洲大陆建立流动性，该企业已经成功达成一点，并将在全球范围内建立流动性。

截至本文撰写之时，爱彼迎和优步的估值分别为 250 亿美元和 700 亿美元。但笔者认为到 2018 年年底，爱彼迎估值将会超越优步。而优步将会减记其资产账面价值，因为有关其缺乏产品差异化的消息必将传开。并且当其区域竞争对手公布其损益表时（2016 年优步总收入 50 亿美元，亏损 30 亿美元），情况会进一步恶化。

爱彼迎是所有共享经济领域最可能会成为第五大巨头的独角兽企业。其最大的弱点在于公司缺乏垂直整合（爱彼迎并不对公寓拥有所有权），这意味着其不能达到四巨头那样对用户消费体验的控制力。这就需要爱彼迎管理层认真考虑，投入部分廉价资本去更好地控制渠道——长期的独家公寓供应权和连贯的便利设施（无线网络、地铁迎宾站、地方服务点，等等）。

IBM

在谷歌和微软之前，甚至在本书部分读者出生之前，曾经有一家在科技领域极为重要的企业。这家绰号"蓝色巨人"的企业当时是科技的代名词，是美国企业技术规范的事实标准。在同英特尔和微软合作之后，IBM 成为第一家主导个人电脑市场的企业，其霸主地位长达 25 年之久。

笔者并非出于怀旧而把 IBM 列入潜在巨头名单。尽管该企业收益从令人惊叹的高度持续缓慢地下降（到 2017 年第一季度，已经是连续 19 次下降），IBM 在 2016 年度的收益仍然高达 800 亿美元。而且每年该企业都在从传统计算机硬件领域转向高利润的客户服务领域。40 名 IBM 引以为豪的销售军团仍可以和任一 500 强企业的首席技术官（CTO）会面，而且在美国企业云服务领域，IBM 同样是不可忽视的力量。如今 IBM 的故事中有一个新的、更英俊的主角——沃森，同时又是全球性大企业，垂直整合做得很好。但在其走向食物链顶端的进程中，投资者看的不是该公司的总体收益，而是税息折旧及摊销前利润。而这限制了微软获取廉价资本的能力。另外在求职者看来，在 IBM 工作仅仅是比较稳定，不会让他们有一种能一展抱负的兴奋感。IBM 员工通常是在谷歌经过第二轮面试但最终未能录用的人员。总之，入职 IBM 不像曾经那样令人兴奋无比。

威瑞森 /AT& T/ 康卡斯特公司 / 时代华纳

本书认定所有的读者都被网络覆盖。那么读者获取到的网络服务是谁提供的？无外乎上述 4 家企业。有线网和电信网是 20 世纪最大的合法垄断行业之一。而经过几十年的吞并收购，这 4 家企业是数字化时代必不可少的参与者。

然而，在充分利用自己的优势上，4 家企业面临诸多困难。尤其值得一提的是，四者在公众心目中的形象并不好。而且四者通往全球主导地位的路径并不明确，因为每个地区的电信运营商一定程度上都带有该地区（国家）的色彩，各国政府对于其他国家进入其通信和数据领域会很敏感。虽然大部分人也都讨厌铁路公司、船运和快递公司，但运营商又不一样。正如由莉莉·汤姆林扮演的电话接线员埃尔内斯丁面对客户时所说："我们不在乎，也没必要去做这个事情，我们可是电话通信企业。"

如果一家企业掌控着全球信息传输电缆，其地位将不可动摇，且利润颇丰。虽然这并不满足成为一家巨头企业的标准，但足以让其影响力接近巨头了。

这之后能否成为巨头要看管理层能不能超常发挥，把企业打造成求职者挤破头的公司——机会渺茫，但也不是没有机会。

…………

会有上述分析的那些企业成为第五大巨头吗？四巨头又会做何处置？显然亚马逊永远不会让沃尔玛夺回其失去的市场，而谷歌在追求自动驾驶的道路上也会时刻关注优步和特斯拉。

但商业发展无法预测。1970 年的 IBM 无人可撄其锋，1990 年的微软震惊了整个电子工业界。企业会慢慢变老，成功会滋生自满，顶级人才为追求新的挑战和独角兽企业 IPO 之前的股权而离去同样不可避免。而且，半路上可能会杀出程咬金：现在或许有人正在实验室研究一种可以颠覆世界的新技术——就像 1947 年的晶体管被 1958 年出现的集成电路技术替代一样。或许，在某个咖啡店，某个厨房间，下一个乔布斯正领导其初创团队朝四巨头飞奔而来，成为超越巨头的顶级公司。这些事情看起来好像永远都不会发生，就像百年不遇的洪水看起来不会每隔 10 年就出现一次一样，最后洪水真的就来了。

THE
FOUR

Chapter
10

第十章

四巨头和个人发展

毫无疑问四巨头的主导地位对市场竞争格局和消费者的生活有着巨大的影响。但其对一个受过教育的人的职业发展又有何影响呢？笔者认为当今任何年轻人都不应该忽视四巨头的存在以及其对经济体系的影响。四者的存在使得中型企业更加难以走向成功，使得面向消费者的科技创业公司处境更加艰难。

考虑到绝大多数人都平常无奇，为了使我们从平常变得更好甚至到优秀，读者需要学习哪些内容？本书将以笔者的一系列观察结尾，这系列观察将告诉读者，在这个勇于创新的新世界中，如何去制定一个成功的职业规划，如何在不稳定的经济社会取得成功。

成功和不安全的经济

总之，这是一个最好的时代，可以让人变得卓越；同样这是一个最坏的时代，让人泯然众人。

这是如今随着"彩票经济"的崛起被颠覆的商业环境带来的主要影响之一。"彩票经济"即"赢者通吃"的经济环境，在这种环境下数字科技创造了一种单一市场，而在这一市场中商业领袖能获取绝大部分收益。一系列的离散的池塘在全球化进程的倾盆大雨中形成了少数真正意义上的大湖。坏消息是：大湖中有了更多的掠食者。好消息是：大湖中的大鱼有着精彩的生活。四巨头庞大的身形证明了这点。

上述现象导致市场出现了这种情况，即某一类别的顶级产品价格激增，而就算是品质只稍差一些的产品其价值都会崩塌。在珍本书籍市场，亚马逊让这些一度难觅其踪的版本书籍出现在全球视野中。可以预见的是，供应不足的书籍其需求激增，由此价格上涨——只限于最杰出的名著。同样亚马逊"照亮"了大量的平常书籍，使消费者在"不杰出"的书籍中有了更多的选择。同样可以预见的是，这产生了相反的效应，不属于珍本的书籍价格大跌。

同样的现象也发生在劳动力市场。由于领英的存在，所有人都连接到全球就业市场。如果你是名杰出人才，这正是成千上万的企业所需求的，而它们终将找到你。如果你很平凡，那么你将与全球数千万的平凡候选者竞争，最终薪资水平会停滞不前或者下降。

斯特恩商学院的 12 位顶级教授在全球都很受欢迎，仅一场演讲就能得到至少 5 万美元的报酬。笔者敢打赌他们的平均年收入在 100 万至 300 万美元之间。其余的优秀教授只能竞争进入可汗学院或者阿德莱德大学任教。由于他们的收入只有顶级教授的小部分，优秀教授会教授高管培训课程以获取额外的微薄收入，或者向院长抱怨不够受到重视。优秀与杰出的差别只在 10% 以内，但是二者的收入却相差接近 10 倍。优秀教授的平均年收入在 12 万至 30 万美元之间，而且他们的工资水平"过高"——很容易被替代。幸亏有了终身聘任制，大学不能随意解雇他们，因此学院假装关心他们，实际上是更多地忽视他们。学院让他们成为部门主席，或者某个委员，并为他们的平庸找出了诸多借口。

那么如果一个人不是生而伟大，哪些行为有助于其成为最上层的那

10%？基本面不会改变，美德、坚韧和同理心是每个领域的成功人士永恒的特质。但随着工作内容的转变和工作节奏的加快，成功企业会崛起，杰出人士脱颖而出。

正如本书前文所提及，笔者第六家公司L2，作为一家商业智能（"数据研究"的高级术语）企业在成立第七年内员工增长到140人。70%的员工年龄在30岁之内，平均年龄为28岁。L2员工经常会被立志高远的企业挖走。他们年轻，如同白纸一般，没有时间形成其职业特性，身上更多的是年轻的天性和教养。这是很好的观察环境，可以从中观察并见证是他们的哪些特质导致了其成功或失败。从这些观察中，笔者得出了一些结论：在如今不断发展的、由四巨头主导的经济体中，一个人要取得成功需要有哪些作为。

个人成功因素

基本上说来，勤奋工作且待人友好的聪明人比思维混乱、懒惰或者对同事不善的人要更容易取得成功。这句话会一直并将永远正确无比——就算某些时候会出现例外（某个奇葩取得成功）。但是，天赋和努力只会让一个人进入全球前10亿中，另外一些微妙的因素才真正创造了数字时代的顶级精英。

没有什么比心理成熟这一特性更重要的品质了，尤其对于二十来岁的人而言更为如此，因为这一群体心理变化非常大。工作环境一成不变：做着一些特定的工作任务且只向一名领导汇报——这样的工作领域越来越少了。相比之下，数字时代的工作人员必须经常对众多的利益相关者做出反应，并且在一天中在多个角色之间进行转换——有利于心理成熟的人。而且随着竞争变幻无常和产品周期的缩短，人们的事业将在成功与失败之间剧烈摆动。

在上述波动中，一个人是否能掌控自己的心理特别重要。而且一个人与其他人的互动方式决定了其将会从事哪个项目，和谁一起工作，有没有企业愿意雇用他们。相对于那些遇事慌张、把琐事挂在嘴边、被情绪主导的人，有强烈自我认同感、在压力下能保持镇静、善于学以致用的年轻人在工作中表现得更为优异。那些乐于接受意见并愿意指导他人、清楚自己在团队中的角色的人，在权责不明确、组织结构松散时表现得比其同龄人更好。

上述影响在学术界大量的文档中均有记录。对 668 个开展社交和情感生活教学项目的学校进行大规模元分析发现，该项目中一半的孩子学业提升，且不良行为大幅下降。另外，使得"情商"一词广为人知的畅销书作者丹尼尔·戈尔曼发现，世界上那些业务取得不错进展的公司，其领导人一般都拥有良好的自我控制以及调节能力、明确的动机、同理心。

虽然心理成熟在职场中越发重要，但一个有意思的现实是，在年轻群体中，"心理成熟"更偏爱女性。笔者这样说不是想在政治上保持正确，尽管如果结果显示是偏爱男性的话，可能笔者都没有胆量说出来。调查显示，无论男女都认同这点：二十多岁的女性比男性更能表现出与年龄相符的成熟。有神经学研究表明，女性的大脑发育得更早更快，因此比男性早成熟。

笔者经常参加一些会议。会议上经常会有一个或多个年轻男士，大部分时间都在为自己的意见争辩不休，希望取得话语主导权，在人群中表现得盛气凌人。直到最后，一位争论过程中一直保持沉默的年轻女士，会平静地介绍相关的事实，总结关键性问题，然后提议进入下一个话题。

　　而在职业晋升方面，男性，甚至是年轻男性，仍然比其同龄女性更有优势——这或许是因为男性看起来会更加果断。而且对于少数心理还不成熟的年轻男性来说，情况依然如此。但他们在职场中将会变成稀有动物。因为企业已经发现，高中优秀毕业生中70%是女性，未来真的属于女性。

　　数字时代正如哲学家赫拉克利特所言的那样：世界无时无刻不在变化。在每个专业领域，人们应该学习使用并掌握10年前甚至去年还不存在的工具。好坏暂且不论（坦白来说，往往是不好的），如今各类组织机构可以访问到无限的数据信息，同样几乎有无数种方法对数据进行筛选并加以利用。同时，创意想法能以以前无法想象的速度成为现实。亚马逊、脸书以及同样热门的企业如飒拉等的共同点是：它们都身手敏捷（反应迅速）。

　　好奇心是成功的另一个关键因素。昨天正在使用的工具（技术）可能今天就被淘汰成为历史了——被一种没有听说过的工具（技术）替代了。回想一下，电话机发展了75年才覆盖5000万用户，而电视覆盖5000万家庭仅历时13年，因特网为4年，愤怒的小鸟为35天。在科技领域，事物发展速度更加迅速：微软Office覆盖10亿用户耗时22年，而Gmail仅为12年，脸书为9年。任何试图抵制这种变化浪潮的人将会被浪潮淹没。数字时代的成功人士会每日工作，面对变化时不害怕，反而会问"如果企业这样做会怎么样"。坚守以前的方法和程序是大企业的致命弱点，也是职场人职业发展的顽疾所在。做一名脑海里充满疯狂（有实用性，值得探讨和尝试）想法的女孩，在职场中积极进取：完成被要求完成的任务的同时，另外提供一些创意思路或者想法。

　　职场中另一个突出的技能是"掌控力"。比团队中任何人都要更注重任务细节——哪些任务需要完成、需要什么条件、何时完成、如何完

向十亿用户迈进

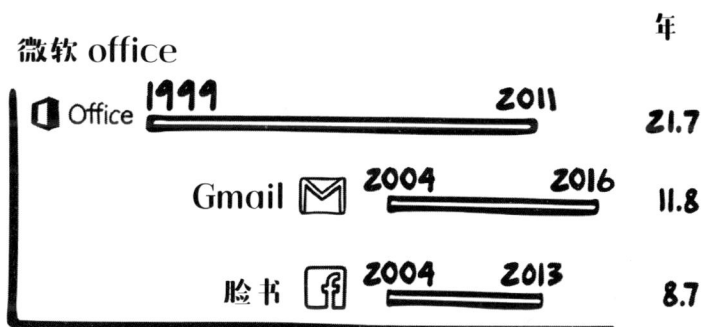

信息来自：德雅尔丹·杰夫."时间线：向十亿用户迈进 [图表]"视觉资本

成。在充分了解每个人和每件事的情况后，你的工作才会有进展。因此，只有成为一名掌控者，了解工作的每一个细节——任务、项目、商业模式，才能拥有自己的事业。

上大学

笔者明白，这确实是老生常谈的事。但如果读者想成为数字时代的成功白领，很明显毕业于一所声望卓越的高校很重要。

是的，扎克伯格、盖茨以及乔布斯都从大学退学了。但读者要清楚，你以及你的儿女都不是扎克伯格。而且虽然他们都没有大学毕业，但大学经历对他们的成功助力良多。脸书之所以在大学生群体中走红是因为其产品把握了校园真正的需求点。盖茨在创办微软之前在哈佛大学学习数学和编程为时 3 年，并且在那里遇到了史蒂夫·鲍尔默，一个 25 年后盖茨可以托付微软的人。甚至是乔布斯，青春迷茫期在里德学院穿行，在那里他对设计的激情被激发出来。父母为了让子女进入一所正规四年制高校，这个过程承受的经济、心理以及生理压力都是值得的。

大学毕业生一生中获取的财富超过高中毕业生的 10 倍。

世界上很少有这种珍贵的地方，在那里，人们可以利用人生最宝贵的时间和一群年轻、求知欲强、思想尖锐的人一起，培养出成熟的心智并思考宇宙中存在的各种机会。

因此，要上大学——你可能会从中学习到一些东西。而且就算在大学一无所得，你头顶的名牌大学光环在你获得财富之前就是你最大的财富，而且从此机会良多。人力资源部、研究生招生委员会，甚至潜在合作伙伴都有很大的选择范围，但他们往往会很繁忙。因此面对大量的选择时，需要过滤机制和简单的经验法则。

事实上也很简单，耶鲁大学 = 聪明；不知名的高校 = 不够聪明。而且在数字化时代，聪明即性感。

尽管没有人愿意承认这点，但美国的确有种姓制度：即所谓的大学。在经济大衰退最严重的时候，大学毕业生的失业率不到 5%，而只有高中文凭的人的失业率则在 15% 以上。一个人能取得多大的成功跟其所上的大学关系紧密。排名前 20 的大学其毕业生生活舒适，他们能偿还大学期间的学费。如果把上大学承担的债务看作一种投资，虽然每个大学生投资额大抵相同，但不同学校的毕业生的资本回报率却有云泥之别。

近几年来，大学学费激增，同时期通货膨胀率为 1.37%，而学费上升高达 197%。教育市场极其成熟必将迎来颠覆。如今，人们普遍错误地认为，科技公司（尤其是获得风投机构注资的科技教育企业）将颠覆教育行业。简直是一派胡言。相反，当哈佛、耶鲁、麻省理工以及斯坦福因为获得巨额且不合常理的捐款一事面临政府持续强大的压力时，四者才最可能颠覆教育行业。哈佛大学声称在不影响教育质量的前提下，去年其入学新生数量翻了一倍。很好，这正是笔者希望看到的。顶级高校逐渐招收更多的学员且不收取学费，这才会颠覆以往的教育传统。普通高校大规模开放线上课程达不到颠覆的效果（虽然对社会有益）。

在顶级大学，除了能接受良好的教育并得到名校光环外，在校园交到的朋友同样是重要资产。当然，部分朋友以后肯定会消失得无影无踪，但还有一些朋友会继续获取技能、财富并建立自己的朋友圈甚至关系网，而这也许是未来你努力走向成功的道路上所需要的。笔者最信任的一些顾问和商业伙伴是在加州大学洛杉矶分校结识的，如果没有与他们之间的友谊和合作经历，笔者不会取得如今的成就。

上一所好大学这个建议实际上有个问题，笔者承认这反映了社会的不公平。大学学费非常昂贵，包括4年的学费以及食宿费用。即使是二流学校，成本也高达25万美元。许多顶级高校可以提供慷慨的经济援助（例如，常春藤盟校的经济援助力度已经相当大，来自中等收入家庭的孩子们不仅能免除学费，而且食宿也不需要花费），但贫困的优等生难以进入顶级高校学习并不是因为学费。为了得到经济援助，首先贫困生必须被高校录取。这意味着他们要与那些拥有私人辅导、上过SAT预科课程、眼界开阔的孩子竞争，还要与"特权"竞争——有些孩子的父母就是该高校校友，以及与那些经常给学校捐款、跟校长经常打高尔夫的人的儿女竞争。

如果上不了一所好大学，你需要怎么办？——曲线救国。大部分情况下，作为一名大三生进入优秀高校会容易很多，因为那时候由于一些人退学会留下空位。而作为新生的时候，你需要与所有人竞争。或者，先进入一家二流甚至三流学校，然后努力学习：GPA成绩优异、获得一系列荣誉、奖学金、校社团骨干等等。这是一条相对来说成本很低的路线。

证书

当然，由于一系列原因，并不是每个人都应该上大学。因此如果大学不在选择之内，那该怎么办？——考证。特许金融分析师、注册会计师、工会会员证、驾驶证、国际护士、吉瓦穆克提瑜伽教师证等等。一部智能手机和一本驾照便能将你从大众劳动市场中凸显出来（优步司机）。大学毕业证含金量最高，是最能为人们职业发展提供助力的证书。如果大学不是你的菜，那么你需要寻求其他证书，让自己与其他70亿人（平均时薪1.3美元）区别开来。

优秀是种习惯

在一个领域达成目标的人往往在所有领域都能做得很好，一个人可以进入三区曲棍球决赛、赢得小学拼字比赛、获得军部勋章。所以成就如同习惯一样是可以培养并重复获得的吗？

胜利者首先必须是竞争者。没有人可以不进入赛场就赢得比赛，其间需要承担风险，冒着可能失败的危机才能取得真正的成功。面对竞争需要勇气，以行动为导向。乔布斯在世纪之交回归苹果公司时感到非常悲伤，随后宣布其只会雇用A类人才，因为只有A类人才会雇用A类人才，B类人员只能雇用C类人员。这种做法是对的，胜利者们会惺惺相惜，而失败者会面临竞争者的威胁。（译者注：A类人才是某个领域的胜利者，B类人员是竞争者，C类是失败者。）

面对竞争需要坚忍的毅力。无趣的体育竞赛（划船、体操、水球、田径赛）同样有利于培养一个人的韧性——商业书籍有时会对此非常关注。如果一个人在划了 800 米后，能坚持再划 2000 米，接着继续划行（1400 米）到全身失去知觉，那么这个人能够应对极为刁难的客户，且能意志坚定地把事业从优秀推向卓越。

去大城市发展

多年来，人们认为数字化时代将使其能够"在任何地方工作"——那是乌托邦似的世界，人们生活在安静的山村，敲击着电脑，消息会通过信息高速公路的魔法传出去。但事实上正好相反。由于创新是各种想法碰撞的结果，财富、信息、权力和机会往往集中在一个地方。而且商业要取得进展通常需要人们面对面沟通交流。人类的本性也决定了只有在与人之间的互动中，人类才更加幸福，工作更有效率。

全球 GDP 超过 80% 来自城市，而且 72% 的城市其经济增长超过该国平均水平。城市对 GDP 的增长贡献率每年都在增加，这一情况将长期保持。全球前 100 个最大的经济体中有 36 个是美国大型都市。2012 年，世界 92% 的就业机会和 89% 的 GDP 来自上述前百名经济体。而且并不是所有的城市经济上都是平等的，全球经济中心逐渐成为超级大都市。纽约和伦敦一直是世界最有影响力的城市。开发商也热衷于投资富裕城市，并逐步扩充其商业领域（曼哈顿商业区已经扩充到布鲁克林区）。如此看来，"彩票经济"似乎同样适用于房地产行业。

衡量一名二十来岁青年的成功比较合适的指标是其地理轨迹。比如他们花了多长时间才进入自己本国最大的城市，又花了多长时间到达某个大陆板块最大的城市？搬入全球经济中心、超级大都市的人更可能取得成功，而不是那些龟缩在区域腹地的人。

展示自己

到现在，假设你心理成熟、有了好奇心和韧性，但仍算不上成功。你要思考如何能从一群年轻的聪明人中脱颖而出。首先，你需要持续地"推销"自己的品质特性，从而突破舒适区的限制。这里的问题是：需要什么媒介？啤酒的媒介是电视，奢侈品牌是印刷杂志。什么样的环境能更好地表现自己？有如下媒介：照片墙、优兔、推特、公司体育队、讲演、书籍、爱国青年组织、酒精（如果你会喝酒会更有趣更具魅力）、食物。

你需要媒介来展示自己出色的一面。因为就算工作完成得再好，如果不为人知的话，薪资水平照样上不去。的确，这种做法不光彩，但成就不会为自己发声。

试想一下，如果一个人出色的成就没有被曝光出来，他又如何拥有众多粉丝？如今好的一方面是，社交媒体正是为"展现"而生；不好的一面是，其中竞争尤其激烈。笔者在推特上拥有 58000 名粉丝，数量不算特别多，但也算可以。达到这么多数量笔者耗时 6 年，其间平均每天上推特 15 分钟。现在我们每周一更的短视频《成王败寇》周浏览量超过 40 万次，而在 138 周前，第一次上传时浏览量仅为 785 次。顺带说一下，我们制作视频不是拿个摄像机和 9 岁的儿子在厨房乱拍一通。我们有专业的动画师、编辑、市场调查人员、演播室以及媒体平台（视频分发和观看的渠道），而正是由于两年半来持续在这上面投资，才造就了一夜之间的成功。

有些人善于言谈，有些人相貌端庄。积极地把更多精力投入培养优势当中，同时花费少量的时间来弥补自己的弱点。要使自己弱势的一方达到普通水准，这样它不会拖你后腿。当雇主、同事以及潜在伴侣等所有人抬头看你时，确保他们看到的是你最好的一面。另外，在谷歌上搜索一下你自己，把介绍提要修改得更简洁、有趣，让自己显得更优秀。

保持雄心

如果一个人虽然常春藤名校毕业但却青春年华不再，是否已然英雄迟暮？并非如此。笔者现今 52 岁，身边的同事平均比我小 25 岁。L2除笔者之外还有一些老家伙，但我们都有一个共同点，我们已经学会如何掌握年轻人（制定明确的目标和考核标准，表现出同理心，培养他们），用四巨头来激励他们走出舒适区——努力弄清楚年轻人的思想从而加以利用。那些"自豪"地说自己不会使用社交媒体的 60 后们要么是自暴自弃，要么是懦弱不堪。

融入这个时代吧，去下载并使用各种 App。去体验每一家社交平台（色拉布就不用了，那是给小孩子玩的），最重要的是，尝试去理解平台的内在本质（用户的评论、操作技巧以及平台目的）。去购买关键词推广广告，把自己制作的视频上传到谷歌和优兔上。商业经理从来都不会说不喜欢商业。如今四巨头就是世界最大的商业生态系统，所有人都是系统中的一部分。如果你不能理解其商业模式，那你就越发不能理解如今的商业。

尽管维基百科和纽约大学斯特恩商学院主页都有关于笔者的介绍，但笔者并不是生来就喜欢技术。笔者极力为自己和家庭建立经济保障，热衷于追求成就感（受到关注）。因此笔者会使用脸书平台，并对这个平台有一定见解。笔者很想在个人主页上方的横幅上写上一句话"你可知道我为什么不联系你",但最终我没有这样做。相反笔者尝试着去理解脸书"隐藏贴文广告"的模式,随后跳到照片墙平台点击广告,想探寻品牌商广告推广逐渐从电视转向网络平台的原因。学会理解并利用四巨头的商业模式是一个人走向成功的筹码。融入这个时代吧!

股权和职业规划

在公司给你的激励(金钱)中设法要求部分以股权代替(如果认为老板手中的股权不会升值,那就把老板炒了),然后在 30 岁和 40 岁时,激励中以股权替代的部分其比例要分别提高到 10% 和 20%。如果公司没有获取股权机会,你需要最大限度地争取其他有税收优惠的财富(例如 401k 计划)。并基于自己的开销水平,做出财富积累规划(100 万→300 万→500 万)。时光难以捉摸,一不小心可能人就变老了。很可能下一次你一觉醒来会发现自己已经 50 岁了还一无所有。如果一个人没有赚大钱的能力,也没有中彩票的运气,那么他要尽早去养一只能"生蛋的鸡"。

笔者曾经几次都拥有数百万美元,但由于财富规划失败,2008 年9 月的一个早上,笔者醒来时几乎一无所有。而那段时间正好孩子要出生,现在回想起来还是后怕不已。所以要尽早避免这种可怕的事情发生,并制定财富规划备选方案。大学期间的人没有这种担忧,因为这期间挣的钱比花的多。那些能在工资水平下生活的人最为幸福,因为他们不会因为经济原因而长期焦虑。注意:笔者意识到,对于许多或绝大多数中产阶级家庭来说,这种方案似乎不可行。

没人会靠着工资能成为超级富豪——逐渐升值的股权才能创造真实

的财富。只需对比下企业创始人和首席执行官的净资产就能明白此言不虚。现金激励能提高人们的生活水平，但不会增加其财富——因为存储违背人类天性，现金人们会花掉，不够用来存储。高收入者通常会聚集在一起，而人们会渴望像他们一样可以大手大脚消费。所以你会惊奇地发现很容易就能习惯乘坐商务头等舱。而富裕的定义是：一个人的被动收入超过日常消费（被动收入：不需要付出劳动，是资本增长的结果）。笔者的父亲从社保和投资中每年获取的收益是 45000 美元，他是个富裕的人，因为父亲每年消费为 40000 美元。笔者同样还有一些金融圈的朋友，他们每年的收入为 7 位数，但仍不能称为富裕，因为只要停止工作，他们的生活就会一团糟糕。通向"富裕"需要生活在自己薪资水平之下，同时投资可以创造财富的项目。"富裕"跟挣多少钱关系不大，更重要的是要在财务上自律。

人类，特别是美国人，天生就不喜欢存款。而且我们非常乐观，倾向于把最赚钱的那几年看作寻常时期，认为会永远保持良好的收入。现实是，许多服务行业的专业人士、运动员以及演艺人员在短短几年内赚了千万财富，但由于没有强制自己存储，最后以破产告终。《体育画报》预计，国家橄榄球联合会（National Football Conference，简称国联）球员在结束职业生涯两年后，其中 78% 的人面临着财务压力或者已经破产。

保持忠诚

熟悉会滋生蔑视。尽管业绩评估表现相对较差且更容易离职，但外部雇用的人员其薪资仍比同级别公司老员工高出近 20%。当然这肯定有限度。如果一个人整天在领英上改善自己的简历，并与猎头频繁接触，那企业会认为此人太过"滥情",因此就得不到雇主的青睐。

这里给读者的建议是:对公司要一心一意。首先找到一家可以从中学到技能、氛围良好、能获取股权(或者强制自己存储)的平台,然后全身心投入工作中为公司挥洒青春 3 到 5 年。而且除非目前你处境特别不好,否则不要在外部机会上浪费太多精力。这里的你认为的"处境不好"应该被你最信任的导师认同(在你向其描述了当下面临的"不公正"待遇后)。换工作时不要只是表面积极,与猎头的会谈要敞开心扉。

在合适的时刻(比如,刚入职一家新公司就开始寻找工作,是不合适的)给猎头回电话,然后面试,向朋友寻求帮助或者请求推荐。最后考虑清楚这份工作是否有助于职业发展。

如果与猎头沟通后很中意这个职位,这时要跟现任老板坦白——我是一名忠诚的员工,虽然很喜欢现在的职位,但另外的 offer 对职业发展各个维度都要更佳。从市场上得到的反馈似乎证明了你的价值,但不要过分看重自己。通常情况下,有外部企业给出 offer 时,如果你没有离开当前的公司,那你会更加受到重视。而如果当前公司不反对你离去,这意味着你在这家公司的成就有限,这时你应该离职。相反如果公司刻意挽留,那意味着你离加薪升职不远了,未来 3 到 5 年内一切都会很好。之后再重复上述一系列流程。

忠诚于人而非组织

米特·罗姆尼说错了——企业并不是人类。正如英国大法官爱德华·索罗两个多世纪前所观察到的那样,商业公司"既不会在身体上受到惩罚,也不会在心灵上受到谴责"。因此你不必对公司有忠诚之心和爱戴之情,企业也不会对你有所奖励。数百年以来,教堂、国家甚至有时一些私企一直鼓吹对"抽象组织"的忠诚，其目的通常是说服年轻人做一些勇敢且疯狂的事情（比如上战场），如此一来老一辈人便能保护其财富。不要被这些"鸡血"所感染。笔者班级里最令人印象深刻的学员是那些为国家服务过的年轻男女。他们对祖国的忠诚有益于社会，但笔者并不认为美国反过来会给其以相应的回报。这对年轻群体不公平。

要忠心于实实在在的人而不是抽象的组织。人才是公司的灵魂，不同于抽象的企业，人才会重视忠诚。优秀的领导者清楚，是其身后优秀的团队成就了自己。而一旦领导者与某人确定了信任关系，领导会尽一切努力去提升该成员以及其团队的幸福感。如果领导对你的工作和生活不上心，要么是领导不称职，要么是你不合格。

掌控自己的事业

规划好事业并为自己的决定负责。有人会告诉你，做你想做的事。这又是在胡说八道。笔者想成为纽约捷驰（New York Jets，橄榄球队名）的四分卫，因为我臂力强，有很好的领导技巧，希望赢得比赛后能为汽车经销商代言。但实际上笔者没有体育细胞（不要问我怎么知道的，笔者在加州大学洛杉矶分校的经验告诉我的）。那些告诉你"做自己喜欢的事的人"通常没有经济压力。

不要跟着自己的心走，而要跟随自己的天赋。尽早发现自己的天赋所在，然后在这方面成长得更加出色。不需要你爱好这个（自己有天赋的）行业，只要不讨厌就行。如果你在所擅长的行业从优秀成为卓越，这期间你会有认同感、成就感，最后你就会爱上它。而且你能够重塑自己的事业、对专业认识更深刻，最终你便能专注于自己最偏爱的领域。没有一个小孩的梦想是长大后成为一名税务会计，但全球最顶尖的会计出行能坐头等舱，能和貌美如花的女子／俊俏的男子在一起。也就是说，最后他们能做自己喜欢的事（头等舱和"貌美"的另一半）。

何谓公平

"公平"二字并不适用于职场。你将会被不公平地对待，为他人的错误担责。做好工作会失控的准备，由此会导致大量的失败。你将意识到要么忍住这些煎熬，要么另寻他路。如果确定离职请一定记住，人们不一定会记得之前你在公司表现如何，但他们肯定不会忘却你离职时的场景。因此不管你对公司看法如何，离职时要优雅大方。

最好的报复方式是，要比那个让你在工作上一度煎熬的人过得更好，至少不要对往事耿耿于怀。10年之后，那个人可能会帮助你，或者不会成为你发展道路上的障碍。那些埋怨他人或者抱怨生活的人是彻头彻尾的失败者。但要注意：如果认为某人对你有类似性骚扰的不道德的举动，请勇敢地告诉律师和导师寻求帮助。

平衡

事情不会永远朝着单一方向发展，人的处境会发生变化。当事业一帆风顺时，要低调收敛来规避风险。"平衡"是种很强大的力量，好运（人的成功许多时候和运气有关）过后通常一定程度上伴随的是霉运。因此，读者会发现，很多企业家在从一次商业冒险中赚取到大量的财富后，往往事态急转最后失去了大部分盈利。原因在于他们变得太过自我，认为自己天赋异禀，有能力把企业做得更大。但同时要注意，当被现实击倒时你并没有自己想象中的那么不堪。被打倒在地后，要勇敢地站起来，拍拍身上的尘土后更加顽强地去拼搏。笔者就曾多次被现实打败，但一次又一次地站起来了。同样有几次，笔者幻想有朝一日能拥有自己的私人飞机，但似乎全世界都在提醒我，我并没有那么优秀。然而，笔者最终得偿所愿。

核心竞争力

去发现所在公司最擅长的领域——企业关键核心。如果一个人想有所成就，就必须在工作上更偏重于该领域。谷歌的内核是强大的工程师团队。虽然在谷歌做一名销售也极好，但其重要性不及工程师。而对于包装消费品公司而言，核心是品牌经理——工程师们不能把品牌传递到客户端。如果你位列驱动公司发展的核心军团中，会更有机会被高级管理层关注到。并不是说财务人员就很难取得成功，亦并非必须作为公司产品的制造者才能有所成就。你需要关注公司高级执行官的履历，如果其是从销售起步，那么该公司就重视销售人员。若他以前是运营人员，那无论公司在广告上如何宣传，运营即是该公司的核心。

行业抉择

不同行业间资金密集程度有层级之别。热门行业是资金重地，人力资本回报率低下（雇员工资高）。如果你想进入《时尚》杂志工作，或者想制作电影，抑或想开一间餐馆，你最好心理素质特别优秀，因为在这些行业中努力和回报很可能会不成正比。热门行业竞争激烈，而且就算你成功涉足该领域，也很容易会被他人取代。在你身后一尺之地，从不缺更年轻时尚的候选者。高中毕业生极少会想要进入埃克森美孚工作，但一个行业中的大型企业会定期提升其职员，而这是表面风光的行业不能给予的。另外如果想要孩子，那工作稳定性对你非常重要。没有人想在 45 岁时还一事无成，所以要尽快提升自己。周末可以参加乐队，晚上空闲时间可以用来学习摄影。每次进步一点点，厚积薄发最终你会结出丰硕的果实。越早赚到大钱，（由于复利的存在）以后就越不必为金钱而奋斗。而在外表光鲜的行业中工作，光房租就能让人抑郁不已，况且你还不会拥有自己的事业、稳定的未来以及职业技能。

笔者不会投资于酒吧、时装抑或音乐产业，最大的成就是创办了一家数据研究公司。每当有聪明人在笔者面前为一个能为医院提供更好的计划方案的 SaaS（Software–as–a–Service：软件即服务）平台兴奋不已时，笔者就闻到了资本的味道。

加洛韦教授的职场建议

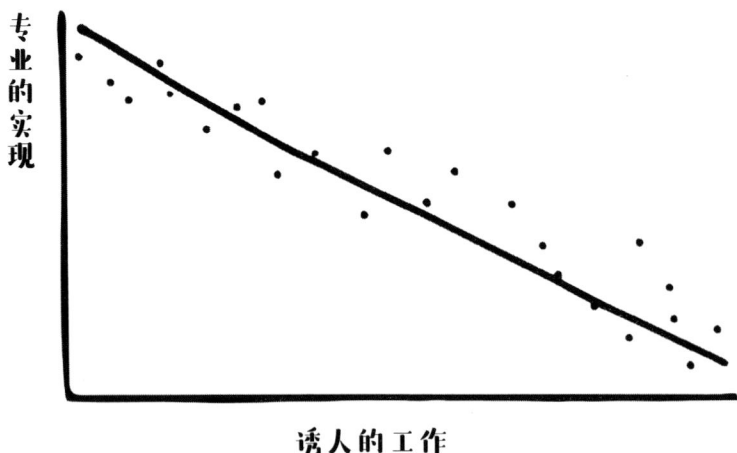

纵轴：专业的实现
横轴：诱人的工作

保持强健

衡量一个人的成功比较合宜的标准是，你付出的汗水比别人多多少。并不是要你变得苗条或者拥有爆炸的肌肉，而是在心理和生理上都足够强健。首席执行官们最大的共同点是都会有规律地进行锻炼。而每当步入会议室时，他们有足够的优势和自信将其他人"踩在脚底"。

保持身体强健会使人不容易陷入抑郁中，让人思维清晰、睡眠质量好，同时对异性吸引力增加。通常在工作中展示身心的健康就等同于展现坚忍的毅力。每周可以工作 80 小时，面对压力时轻松镇静，有蛮力和精力去处理大问题。人们会注意到，摩根士丹利的分析师每周都会通宵达旦地工作，但员工照样生龙活虎的。然而，随着年龄的增长，这种工作方式最终会成为索命符。因此，你需要尽早取得成就。

主动寻求帮助

笔者有一群非常成功的朋友，90 年代笔者将步入职场时他们年龄段在 50 到 60 岁之间，他们给予了我非常大的帮助。之所以会帮我不是因为他们和笔者的父母相识或者认为笔者特别优异，是因为笔者向他们寻求帮助了。绝大部分成功人士会花时间思考重要的问题，包括"我在这里的使命是什么，想留下什么样的足迹"，答案通常会涉及"帮助他人"。想要成功你必须学会寻求帮助，并且要乐于帮助你的下级。帮助上级作用不大，有谄媚之嫌。做好心理准备，大部分你曾给予帮助的人并不会有所回报，所以不必失望。然而，只要爱心的种子播种得足够多，有一天在你不曾意料到的地方某些人会给你极大的助力。你终将发现，为别人提供帮助的感觉真好。

最擅长的阶段

企业生命周期中不同阶段需要不同的领导者。初始阶段、增长阶段、成熟阶段、衰退阶段分别需要的是创业者、远见者、经营者、实用主义者。其中最少见的是实用主义者。创业者要会讲故事，能在公司真正创建之前说服他人加入公司或者为公司注资。每一个企业在其初始阶段都没有现实意义，因为如果有的话，这家企业早就存在了。远见者需要让其他人对公司第一批未经市场验证的产品或服务充满信心——当时没有证据能表明公司能依靠这些产品长期存在。

笔者曾创办过几家公司，按硅谷术语来说，笔者是一名连续创业者。连续创业者有以下三个特性：

● 有较高的风险抵抗力

● 有销售技巧

● 智商不高（不能预见项目的失败）

一次又一次被市场打倒，重新开始。

超级理性且高智商的人通常不会是优秀的创业者，尤其不会是连续创业者，因为他们能很清晰地预计到其中的风险。

一旦企业有发展势头并且有能力获得资本时，最好由有远见者来管理。他能将这种势头转变为单调的、可扩展、可复制的生产流程，能以越来越低的成本获取资本。创业者通常会痴迷于其产品的价值，而不能将产品规模化。

同创业者一样，远见者也需要讲故事，只不过这个故事更加精练。远见者或许没有创业者那样天才的创造性，但他们对于组织形式极有天赋，尤其能艰苦工作去打造一个能将创意产品规模化的组织机构。过往一旦笔者的公司超过 100 人，笔者一般会引进一名组织能力强的人，因为笔者没有这方面的天赋。

经营者在成熟的商业体中游刃有余，善于辨别员工的忠诚度。成熟公司中员工越来越看重职业的稳定性和薪资情况，经营者必须非常善于处理员工的一系列问题。这类首席执行官一年有 250 天在飞往各个地方的办事处，与愤怒的股东打交道，时刻寻找公司下一次的收购机会。那些羡慕首席执行官的高薪报酬的人可能不知道，他们每天面对的是堆积如山的文件。首席执行官是公司最操蛋的职位之一，这或许是一些反社会者能成为优秀的首席执行官的原因。

如果一家正处于衰退的公司其股东和员工运气好，会有一名实用主义者成为首席执行官。实用主义者不会对公司以往的荣光充满幻想（主要是因为那时候他还不在公司），不会爱公司如家。相反，他们能意识到公司正在走下坡路，会尽量去把公司资产转变成现金流，其削减公司成本的速度会快于收益下降的速度，会把公司仍具价值的业务出售给别的成熟公司的首席执行官（不要试图出售给远见者，他们不会让自己的公司受到拖累），最后解雇公司的销售团队。

对于一个职场人来说，一个有意义的问题是：假设公司生命周期是 A 到 Z，你适合于哪个阶段？在初创阶段（A—D）员工通常需要扮演多个角色，你是否在这段时期工作上最为幸福？还是更乐于在成长阶段（E—P），善于管理公司生产流程、扩大公司规模并对其进行改造？抑或说你的优势在于管理一家正处于衰退期（Q—Z）的企业，让其收益最大化？

很少有人能在企业不同阶段都表现优异，认清你最善于在哪个阶段有助于寻找你要追求的事业或项目。极少有首席执行官能胜任企业两个阶段以上的管理工作。绝大部分公司的首席执行官首先是其创始人担任，再到远见者，然后到经营者，但最后却没有实用主义者。在美国商业史上，在整个生命周期是由同一个人担任首席执行官的公司屈指可数。毕竟，没有人想让其数十年创立的伟大公司成为过去。

当前出生在发达国家的孩子们平均寿命为 100 岁。而在道指 100 点所包含的企业中，只有 7 家企业有超过 100 年的历史——89% 的死亡率。这意味着我们的孩子将会见证现今存在的几乎所有公司的灭亡。再回顾一下过去 60 年里，每 10 年发布的硅谷十大公司，极少有企业能出现在榜单上两次。

它们的命运很可能会和雅虎一样，雅虎作为曾经的超级巨无霸最终以出售收场，而且出售时其价格相对于 10 年前的市值少得可怜。当时雅虎深陷于展示广告泥潭，不清楚公司的发展方向。当时一名实用主义者管理公司，使得雅虎可以优雅地"死去"——减少雇员人数、剥离非核心资产、为投资者回收现金。当一家盈利公司开始减少开支，不再为拉动业务增长进行再投资时，其能产生大量的现金流。Oath 如今是一家传统公司的财产 [雅虎以 44.8 亿美元出售互联网核心资产后，同威瑞森（Verizon）旗下的美国在线（AOL）合并成立 Oath]，可以说雅虎最终是以亮灰旗结尾，而不是白旗。

美容术

那些年轻时因外表而备受关注的人，更有可能在年纪较大时选择整容手术。在商业上同样如此，那些曾经因火爆一时而收获到巨大估值的企业在衰老时会为企业注入新的活力——收购有潜力的创业公司（比如雅虎 10 亿美元收购微博客）。但这种策略在移动计算时代有些妄想。靠着收购年轻企业获得的人才如同舞男一样，拿到钱之后便不会停留——重返青春的希望注定破灭。结果是收购了各种项目的互联网公司看起来荒诞不经。传统公司和小众行业似乎更容易应对老龄化，其中年危机时不太会造成公司损失严重，也不至于让股东深陷痛苦当中。

在企业衰退阶段很难找到实用主义者来管理公司，但他们的确存在，可能是公司股东或者企业合伙人。这些人目睹了大量的企业倒闭，意识到实际上还有比死亡更痛苦的事——尤其是当股东为了公司能多活几天而投资重金，最终导致自己破产。实用主义者能够做出不带感情、甚至冷酷的决定，把重病者送回家享受最后的一段时光（在这里指的是返还大量的现金给投资者）。

能从远见者转变为经营者再到实用主义者的首席执行官特别罕见，而赫斯特集团的大卫·凯里正是其一。众所周知，杂志行业正处于结构性衰退。但大卫并没有放弃希望，他定期推出新的产品，并打造了一系列能够盈利的数字频道。然而，这如同把石头推上山顶，石头终究会滚落下来（大卫也清楚这点）。其大部分创新是围绕节省成本进行的，以此为股东换取更多的现金。比如，让一名编辑负责多项业务、更有效地利用企业规模、把内容在多个频道和杂志上重复利用、裁减员工人数。

其结果是赫斯特集团从数字时代的掠夺者手中偷回了曾失去的收益。有人说是大卫导致《时尚 COSMOPOLITAN》（赫斯特集团旗下最大的杂志）业务每况愈下，这并不正确。赫斯特发行的杂志在 10 年后很可能会成为历史。但赫斯特集团将会发展得更好，因为该集团发现并保留了熟悉企业生命周期的管理人员。公司只有知道如何实现收益才能更好地培育新树苗——在新树长成之前他们就能收获果实了。

基于风险控制的考量，你最好以创业者的心态进入一家已经渡过了初创危机的公司（不是从 A 轮到 C 轮，而是已经到了 D–F 轮）。那是

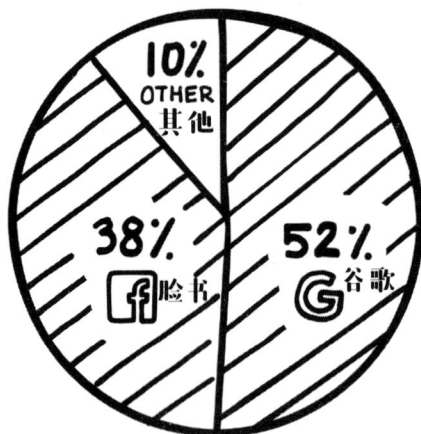

因为新型技术初创企业的死亡率（在 A 轮融资之前）超过 75%。当然，创业公司可能会找到快车道，让你变得富有，但同时企业可能永远不会进入快车道。

这种认知是经济社会发展的关键，因为其中一些疯狂的想法最终在商业上会转变为巨大的成功，为经济发展提供强大的动力。

长尾效应

在科技领域，许多长尾企业都在萎缩。以数字广告为例，2016 年脸书和谷歌在美国数字广告收入增长中占比高达 90%。因此你最好选取赢家或者赢家生态系统中的企业作为工作单位，毕竟开启新市场的颠覆者主导着整个行业。

数字广告增长率 2016

10% OTHER 其他

38% 脸书

52% 谷歌

信息来自：金特·詹森."谷歌和脸书吞食了广告和数据这块大蛋糕，留给其他公司的只有碎屑." Digital Content Next.

　　而在一些传统消费品行业，长尾企业正蓬勃发展。因此，在科技领域，相比小众搜索公司，谷歌是更好的就业公司；而在传统领域，在一家工艺酿酒厂工作要比在米勒公司更好。科技领域中人们对各大信息平台（亚马逊用户评论、谷歌、猫途鹰）的关注，使得不知名的制造商和传统小众产品商的产品也能被注意到。无须投入大量的广告成本，也不需要建立强大的分销系统（这二者曾是大型竞争对手限制小企业发展的方式），小型公司如今也可以让其产品信息传递到全世界并迅速积累公司信誉。长尾公司在市场中有了新生，因为消费者需要的不是大型企业制造的产品，而是特别的商品。

　　这点在不同行业均有体现。例如，在化妆品领域，包括 NYX 和安娜斯塔西娅·贝弗利山（Anastasia Beverly Hills）在内的品牌，直接与照片墙以及其他社交平台极具影响力的人（类似微博的大 V 号，或者抖音里有大量粉丝的主播）合作来挑战传统巨头的地位。通过谷歌这个平台，他们能以远低于巨头的采购价从供应商那里采购到商品。通过很少的广告成本，他们的品牌曝光率是传统竞争对手的很多倍。NYX 的广告费用不到欧莱雅谷歌关键词广告成本的少，但其自然搜索结果的曝光率是后者的 5 倍。在体育用品方面，滑雪、山地车和跑鞋等类别的小众玩家正与网络红人签约，巧妙地进行线上促销或插入新品介绍广告，借此抢夺高利润市场。

奋斗不止

　　有些人不仅在职场非常成功，而且还是美食博主、流浪动物收容所的志愿者、优秀的舞者。本书假设你不属于这类群体，因此在初入职场时你会非常辛苦。毕业后前 5 年你的职场之路会异常艰难，如果想快速升迁，你必须拼尽全力。美好的生活不会自己降临到你身边，而需要你去奋力争取。拼搏，奋力拼搏，到筋疲力尽。

如今笔者前路一片平坦。这是笔者二三十岁时拼搏的结果。在笔者22岁到34岁之间，除了在商学院上学，其他的时间都在工作，工作是我的全部。世界属于走得快的人而并非庞大身躯者。想要在最短时间内获得比同辈更多的优势，三分靠天赋，七分靠坚韧。当年笔者为事业付出的代价是，凋零的头发、失败的婚姻以及最懵懂的青春。但这一切都是值得的。

你是否有企业家的潜质？

本章开始笔者描述了在数字时代的成功人士身上所看到的一些特征。数字时代的人们职业发展道路千变万化，许多人会在某个时候考虑成为一名企业家，自己创业或者是加入现有的创业公司抑或去管理大企业内部孵化出的一项新业务。

这是一件好事。新事业能为社会经济带来新动力，从而激发新创意。新型企业有可能会创造新的财富奇迹，对于那些运气好可以进入公司工作的聪明人而言，可以迅速地积累财富。百万富翁创造者如山姆·沃尔顿和马克·扎克伯格，都是商业中众所周知的人物，一夜之间造富大批员工。而"微软百万富翁"更是西雅图地区的文化标签。据一位经济学家估计，截至2000年，该公司创造了1万名百万富翁。

文化上人们已经把企业家提升到了类似体育英雄和娱乐明星的偶像地位。艾茵·兰德笔下的汉克·里尔登的不受政府影响的企业家人格在美国社会仍有巨大的影响，而乔布斯逝世后其形象更是直追神话人物。企业家被认为是独立的、白手起家的远见者，他们或者就是美国英雄最纯粹的形象，甚至比作超人也不为过。超人可以控制地球的自转，但钢铁侠托尼·斯塔克在财报上会表现得更好，他是一位非常有人性的超级英雄——埃隆·马斯克。

正如前文所议，绝大部分人并不适合成为企业家，因为他们应对不了日益严重的问题。很少有人具备成功企业家的人格特征和技能，这并不是要求他们"非常优秀"或者"足够聪明"，事实上，成功人士的某些特质放在生活上是缺点。

如何确定你是否拥有成为企业家的潜质？

数字化时代对成功企业家特性和技能的要求并没有变化，需要更多的建设者而不是品牌运营，而关键是要有一个技术人员作为创始团队的一部分。有三个测试或问题：

1. 你能否面对失败（这种失败往往会被人所知）？

2. 你热爱销售吗？

3. 你是否没有在大企业生存的技能？

笔者认识一些人，他们有能力去打造伟大的企业，但是他们永远不会这样做，因为他们根本就不用工作。不用每周工作 80 个小时，只需要在月底给公司开一张支票即可（投资者）。

除非你的公司已经足够成功可以让他们成功获利退出，或者你有别的融资渠道（大部分都没有，就算有的话融资成本也会非常高昂），这样你才能专心于事业，随后获取更多的资金。大多数初创企业从来没有筹集到所需的资金，另一方面几乎没有人会不计回报地为企业工作——超过 99% 的人不会为了工作上的"乐趣"而向一家企业注资。

面对失败是否从容？

人们的大部分失败是不为人知的：你觉得那家法学院不适合你（实

际上是你入学考试没通过）；决定花更多的时间陪陪孩子（那是因为被解雇了）；又或者你正研究一系列项目（真实情况是找不到工作）。但是，创业失败却不可避免会被人知道。那么优秀的你，注定会成功的人，竟然失败了？这种感觉就像小学时大家都嘲笑你尿裤子一样，而且你竟然尿裤子 100 多次了。

你是否热爱销售？

从某方面来看，企业家就是销售，说服他人加入你的公司、说服员工留在企业、向投资者推销你的公司以及向消费者销售公司产品。不管你是开一家街边小店还是一家互联网公司，如果你确定要创业，那你必须擅长销售。销售就是给那些不想听到你的消息的人打电话，奉承他们。在被销售对象"虐待"后继续给他打电话。笔者大概率不会再创建公司了，因为自尊心不允许笔者低声下气。

笔者曾错误地认为，人才济济的 L2 公司发布的产品足够优秀，因此产品自己会说话——有些时候确实不需要销售。世界上是否存在一种产品，不需要销售低声下气地去推广？答案是，根本没有。

谷歌拥有高超的算法技术，可以回答任何问题，还能辨别用户对某个产品是否有购买意向，而且每当确定了其意向后便能及时向他推送广告。即便如此，谷歌仍然需要雇用数千名情商极高的人来售卖谷歌的业务。创业就是在做销售，前三到五年不仅拿不到佣金还会亏本，而且公司不一定有未来，往往会破产倒闭。

好的一方面是：如果你热爱并善于销售，那你获取的财富往往让同龄人艳羡不已，当然财富跟你的辛苦程度挂钩。

不适合待在大公司？

在一家大型企业取得成功并非易事，需要有特殊的技能。必须能善待他人、承受不公以及处理一系列的杂务，并且要有政治头脑——工作能得到投资者的注意和高管的赞赏。然而，如果你确实擅长在大型公司工作，那么，你最好不要有创业的想法——不要为了小型企业的机会而挣扎。大型企业是非常优秀的平台，能扩充一个人的学识和技能。

但如果你不能和同事友好地相处，不会把自己的命运托付给其他人，而且对自己关于新产品或服务的构想疯魔般地痴迷，那你可能适合创业。笔者就是其中之一：过去一些面试官认为笔者是个奇葩，不得已笔者只能开创自己的事业。对我而言，创业是为了生存，因为笔者没有在大型公司中获得成功的技能。

在小公司，低迷时能让你痛不欲生，高潮时能让你欢喜若狂。笔者最大的骄傲和喜悦来自我的孩子，其后是笔者创建的公司（包含失败的项目）。对于创业者而言，其创立的公司就跟自己的孩子一样，仿佛二者之间有血脉连接，各个方面都有自己的气息。当公司迈出发展的第一步时，你会情不自禁，兴奋之情无以言表。当笔者的公司被《纽约时报》评为发展最为迅速的企业，感觉就像看到自己的孩子在学校取得优异成绩一样。

跟抚养孩子不同的是，大多数人内心深处都知道他们永远都不能取得像你一样的成就。企业家是就业机会增长的引擎，其乐观和冒险精神让他们成为独特的群体，为公众所钦佩。

大学生辍学创业成为亿万富翁的故事被广泛报道，使得人们对创业过程过于理想化。但请扪心自问，向你信任的朋友寻求建议，你是否拥有创业的潜质？如果上述的前两个问题的答案是肯定的，而且你的确不适合在大公司工作，那么加入创业的大潮中吧！

THE
FOUR

Chapter
11

第十一章

写在最后

民主社会中，私权过分集中对人民自由威胁甚大。

——布兰戴斯（Louis Brandeis）

四巨头分别针对的是人们的求知欲（上帝谷歌）、情感需求（脸书）、性欲（苹果）以及消费需要（亚马逊），为亿万民众每天的生活赋予了积极的意义。但四者并不关心人们的精神状况，不会在意以后你是否老有所依，更不会给你以拥抱。这些组织机构"权倾天下"，而权力滋生腐败，尤其在如今这个教皇所谓的"金钱崇拜的社会"。四巨头为谋取更大的利益，逃税避税、侵犯隐私、摧毁就业机会，如此种种皆因为它们可以这样做。现在问题不仅仅在于四巨头的上述行径，更糟糕的是它们在那些方面竟然如此擅长。

脸书用户数到达 10 亿时其成立还不到 10 年。如今该公司成为全球性的交流社区，且逐渐成长为世界最大的广告平台。这家雇员 17000 人的公司市值 4480 亿美元，其中绝大部分财富会进入极少数人口袋中。而反观迪士尼，按传统标准来看其绝对是一家获得巨大成功的媒体公司，但迪士尼市值（1810 亿美元）还不到脸书的一半，而雇员达 185000 人。

　　如此巨大的生产力促进了经济增长，但却不一定会推动社会繁荣。工业时代的巨头如通用汽车和IBM，虽说雇员成千上万，但企业利益的分配方式比现在要公平得多。那时投资者和高管们虽不是亿万富翁，但也极为富有；而底下的雇员也能买得起房和车，有能力供养孩子上大学。

　　那才是数百万愤怒的选民想要回到的时代。他们把当前的生活状况归咎于贸易全球化和移民的结果，殊不知技术经济在其中扮演着同样重要的角色。技术经济中大量的财富流向了群体极小的投资者以及极其优异的员工，剩下基数庞大的工作群体处在水深火热中（沉浸于智能手机里的大量视频内容或许能减轻其痛苦）。

　　四巨头总共员工数量为41.8万，相当于明尼阿波利斯的人口数，而总市值高达23000亿美元。把四巨头建立的帝国比作明尼阿波利斯，很难想象这座城市所拥有的财富竟相当于法国国内生产总值，要知道法国可是人口达6700万的发达国家。笔者认为，这座富裕的城市将继续蓬勃发展，而明尼阿波利斯城外其他所有人都在苦苦寻求投资、发展和就业机会。

　　这一猜想正成为现实。社会经济扭曲是数字化技术稳步发展、四巨头影响力以及社会对创新者的崇拜三者共同作用的结果。

　　这对整体社会是不利的，但经济扭曲并没有减缓的迹象。这样的经济结构将掏空中产阶级，造成城镇发展停滞，引发公众对政府的不满。笔者并非政治家，因此本书不会涉及解决上述政治问题的方法，笔者也没有这个能力。但是，这些扭曲现象明显令人不安。

目的

　　人们是如何运用脑力的，想达到什么样的目的？回想20世纪中叶，人类算力贫乏。计算机最初是大型的穿孔机，后来逐渐用晶体管代替真空管。那时没有人工智能，人们的搜索速度如蜗牛一样慢，图书馆使用的是目录卡片。

尽管有上述障碍，美国还是为人类发展取得了重大项目进展。首先，当时有个拯救世界的竞争项目——制造原子弹。在这方面当时希特勒抢占了先机，如果纳粹先一步造出原子弹，世界就完了。1939年，美国政府启动曼哈顿计划，6年内动员了13万人（约为亚马逊员工的三分之一）。

6年后，我们赢得了原子弹竞赛。读者可能会认为制造原子弹这个目标对社会无益，但赢得科技竞赛是战略优先任务。同样，依靠动员群众我们登上了月球，高峰时群众人数达到40万人，他们来自美国、加拿大以及英国。

但是，在信息技术能力上，四巨头中任何一家企业都能让曼哈顿计划和阿波罗计划相形见绌。四者算力几乎无穷无尽，而且，可笑的是成本还极低。它们继承了三代统计分析、优化组合和人工智能的研究成果。每家巨头都遨游在人们每天24小时不间断产生的数据海洋中，然后利用最聪明、最具创造性、最坚定的人对数据进行分析研究。

最终的目的是什么？为什么要动用如此巨额的资金以及顶级的人才来分析数据？是为了完成某项重大的任务吗？治愈癌症还是消除贫困？难道是探索宇宙？都不是，他们就是为了多卖些货。

昔日的英雄和创新者创造了几十万工作机会，现在仍然还在为社会就业做出贡献。联合利华市值1560亿美元，带动中产阶级家庭数量达17.1万。英特尔市值1650亿美元，企业员工人数达10.7万。而再看市值4480亿美元的脸书，员工仅为1.7万。

人们认为这些大公司能创造大量的工作机会，但实际上它们只为小部分人创造了高薪就业机会，其他人都生存在饥寒交迫中。美国正向"奴隶社会"转变，其中地主300万，农奴3.5亿。想要成为亿万富翁从来都不容易，但如今要成为百万富翁仍有机会。

反抗或者给这些巨头企业打上"恶劣"的标签可能会徒劳无功，这一做法或许也不正确。但笔者能确定的是了解四巨头有助于深入理解数字化时代的商业模式，同时能帮助你更好地为自己和家人建立经济安全保障。希望本书在这两方面能让读者有所获益。

致谢

非常开心能完成本书的撰写，同时也希望我们能永远保持团结一心。经纪人吉姆·莱文（Jim Levine）的工作完成得特别优秀，是我们效仿的榜样。他不仅机敏过人、身体强健，而且结婚50年来一直夫妻和睦。本书能圆满完成，一半功劳来自莱文。编辑尼基·帕帕佐普洛斯辛（Niki Papadopoulos）工作诚实可靠，及时完成每项工作，在此表示由衷的感谢！

感谢L2公司合伙人莫琳·马伦（Maureen Mullen）和凯瑟琳·狄龙（Katherine Dillon）在本书撰写过程中持续的支持和建议。希望他们能为完成本书感到自豪，因为一定程度上是他们塑造了本书。L2公司首席执行官肯·阿拉德（Ken Allard）待人宽厚，在本书创作过程中给予了极大的帮助。另外L2几位优秀的同事对本书提出了独特的见解，他们是：

丹妮尔·贝利（Danielle Bailey）

托德·本森（Todd Benson）（董事会）

科林·吉尔伯特（Colin Gilbert）

克劳德·德·乔卡斯（Claude de Jocas）

麦克尔·麦克莱恩（Mabel McClean）

感谢团队成员伊丽莎白·埃尔德（Elizabeth Elder）、阿里尔·梅拉纳斯（Ariel Meranus）、玛丽亚·彼得罗娃（Maria Petrova）和凯尔·斯卡隆（Kyle Scallon）的默默付出。感谢纽约大学斯特恩学院的亚当·布兰登伯格（Adam Brandenburger）、阿纳斯塔西娅·克罗斯怀特（Anastasia Crosswhite）、瓦桑特·达尔（Vasant Dhar）、彼得·亨利（Peter Henry）、伊丽莎白·莫里森（Elizabeth Morrison）、里卡·纳齐姆（Rika Nazem）、卢克·威廉姆斯（Luke Williams）对笔者的长期支持。

对于我的父母，感谢当年他们不畏艰难乘坐游船来到美国。感谢加州大学的管理层以及加州纳税人曾给一名平庸的孩子一个走向卓越的机会。

贝娅塔（Beata），谢谢你的陪伴，爱你。

插图引用

Market Capitalization, as of April 25, 2017

Yahoo! Finance. https:// finance.yahoo.com/

Return on Human Capital, 2016

Forbes, May, 2016. https:// www.forbes.com/ companies/general–

motors/

Facebook, Inc. https:// newsroom.fb.com/company–

info/

Yahoo! Finance. https:// finance.yahoo.com/

The Five Largest Companies, in 2006

Taplin, Jonathan. "Is It Time to Break Up Google?" *The New York Times.*

Where People Start Product Searches, 2016

Soper, Spencer. "More Than 50% of Shoppers Turn First to Amazon in
Product Search." *Bloomberg.*

Percent of American Households Using Amazon Prime, 2016

"Sizeable Gender Differences in Support of Bans on Assault Weapons,
Large Clips." Pew Research Center.

ACTA, "The Vote Is In—78 Percent of U.S. Households Will Display
Christmas Trees This Season: No Recount Necessary Says American Christmas
Tree Association." ACTA.

"2016 November General Election Turnout Rates." United States Elections Project.

Stoffel, Brian. "The Average American Household's Income: Where Do You Stand?" *The Motley Fool.*

Green, Emma. "It's Hard to Go to Church." *The Atlantic.*

"Twenty Percent of U.S. Households View Landline Telephones as an Important Communication Choice." The Rand Corporation.

Tuttle, Brad. "Amazon Has Upper-Income Americans Wrapped Around Its Finger." *Time.*

Flash Sale Sites' Industry Revenue

Lindsey, Kelsey. "Why the Flash Sale Boom May Be Over—And What's Next." RetailDIVE.

2006 – 2016 Stock Price Growth

Choudhury, Mawdud. "Brick & Mortar U.S. Retailer Market Value—

2006 vs Present Day." ExecTech.

Stock Price Change on 1/ 5/ 2017

Yahoo! Finance. https:// finance.yahoo.com/

U.S. Market Shares, Apparel & Accessories

Peterson, Hayley. "Amazon Is About to Become the Biggest Clothing Retailer in the US." *Business Insider.*

Average Monthly Spend on Amazon, U.S. Average 2016

Shi, Audrey. "Amazon Prime Members Now Outnumber Non-Prime Customers." *Fortune.*

Percentage of Affluents Who Can Identify a "Favorite Brand"

Findings from the 10th Annual Time Inc./YouGov Survey of Affluence and

Wealth, April 2015.

Industry Value in the U.S.

Farfan, Barbara. "2016 US Retail Industry Overview." The Balance.

"Value of the Entertainment and Media Market in the United States from 2011 to 2020 (in Billion U.S. Dollars) ." Statista.

"Telecommunications Business Statistics Analysis, Business and Industry Statistics." Plunkett Research.

U.S. Retail Employees

"Retail Trade." DATAUSA.

The Smartphone Global Marketshare vs. Profits

Sumra, Husain. "Apple Captured 79% of Global Smartphone Profits in 2016." MacRumors.

Gap vs. Levi's: Revenue in Billions

Gap Inc., Form 10–K for the Period Ending January 31, 1998 (filed March 13, 1998) , from Gap, Inc. website.

Gap Inc., Form 10–K for the Period Ending January 31, 1998 (filed March 28, 2006) , from Gap, Inc. website.

"Levi Strauss & Company Corporate Profile and Case Material." Clean Clothes Campaign.

Levi Strauss & Co., Form 10–Kfor the Period Ending November 27, 2005 (filed February 14, 2006) , p. 26, from Levi Strauss & Co. website.

Cost of College

"Do you hear that? It might be the growing sounds of pocketbooks snapping shut and the chickens coming home . . ." AEIdeas, August 2016. http://bit

.ly/2nHvdfir.

Irrational Exuberance

Robert Shiller. http://amzn.to/2o98DZE.

Time Spent on Facebook, Instagram, & WhatsApp per Day, December 2016

"How Much Time Do People Spend on Social Media?" MediaKik.

Number of Timeline Posts per Day—Single vs. In a Relationship

Meyer, Robinson. "When You Fall in Love This Is What Facebook Sees." The *Atlantic*.

Individuals Moving from/ to WPP to Facebook & Google

L2 Analysis of LinkedIn Data.

Global Reach vs. Engagement by Platform

L2 Analysis of Unmetric Data.

L2 Intelligence Report: Social Platforms 2017. L2, Inc.

U.S. Digital Advertising Growth, 2016 YOY

Kafka, Peter. "Google and Facebook are booming. Is the rest of the digital ad business sinking?" *Recode.*

Market Capitalization, February 2016

Yahoo! Finance. Accessed in February 2016. https:// finance.yahoo.com/

YOY Performance of Top CPG Brands, 2014－2015

"A Tough Road to Growth: The 2015 Mid−Year Review: How the Top 100 CPG Brands Performed." Catalina Marketing.

Percent Global Revenue Outside the U.S., 2016

"Facebook Users in the World." Internet World Stats.

"Facebook's Average Revenue Per User as of 4th Quarter 2016, by Region （in U.S. Dollars）.” Statista.

Millward, Steven. “Asia Is Now Facebook's Biggest Region.” Tech in Asia.

Thomas, Daniel. “Amazon Steps Up European Expansion Plans.” *The Financial Times.*

Alibaba.com, YOY Growth, 2014－2016

Alibaba Group, FY16–Q3 for the Period Ending December 31, 2016（filed January 24, 2017）, p. 2, from Alibaba Group website.

Price:Sales Ratio, April 28, 2017

Yahoo! Finance. https:// finance.yahoo.com/.

LinkedIn Revenue Sources, 2015

LinkedIn Corporate Communications Team. “LinkedIn Announces Fourth Quarter and Full Year 2015 Results.” LinkedIn.

The March to a Billion Users

Desjardins, Jeff. “Timeline: The March to a Billion Users [Chart].” Visual Capitalist.

Driving 90% of Digital Ad Growth, 2016

Kint, Jason. “Google and Facebook Devour the Ad and Data Pie. Scraps for Everyone Else.” Digital Content Next.